JN287628

基本から学びたい人のための

英語ライティング・クリニック
初級編

鬼塚幹彦 著

研究社

はしがき

本書の元になったのは、インターネットスクール『あすなろオンライン』での特別企画「英作文クラブ」です。その投稿者に向けてネット上に掲載した解説文の原稿を全面的に構成しなおし、新たに書きおろしました。本書の姉妹書として『入門編』があり、その続編に位置づけられます。

本書で学ぶおもな事項は次のとおりです。

1. 第4文型
2. 第5文型
3. 完了形
4. 仮定法
5. 「こと」と「もの」

「ドラえもんがここにいてくれたらなあ」といった願いや、「あのとき〜しておけばよかったのになあ」といった思いを英語で表現できれば楽しそうですね。

このふたつの表現法は仮定法に分類されます。ふたつの文に共通するもの、つまり仮定法の根底にあるものを、本書で理解しましょう。

もうひとつ例を挙げます。

「彼に、素敵な映画を観たことを伝えたい」
「彼女に、このスカーフをあげたい」

このふたつの文の内容を、「情報」=「もの」と考えることで、同じ英語の型で表現することができます。これは第4文型で学びます。

*

文法を身につけずに「英語を書く（＝英語を話す）」ことはできません。次のような目標を設定しましょう。

● 日本語でしばしば抱く思いや、よくある状況を英語で表現するための枠作り

　そうすれば、文法学習の意義も明確になり、勉強が生き生きしたものになって積極性も生まれてきます。
　個々の表現をバラバラに覚えていくのでは能率が悪いだけでなく応用がきかず、おもしろくありません。表現の型 (=文法) を自分の中に作っておくのがベストの方法です。英語世界へ入っていくドアと言ってもよいでしょう。
　「英作文クラブ」の投稿者になったつもりで、楽しみながら勉強を進めてください。表現のための独自のルール作りに本書が役立つことを強く願っています。

＊

　本書が出版できるのも、研究社の佐藤陽二氏はじめ、多くの方々のおかげです。とくに「英作文クラブ」投稿者の皆さんに御礼申しあげます。

2007年・初秋
鬼塚幹彦

「初級編」目次

問題 1	その本は一読の価値があるという話を兄は私にしてくれました。	1
問題 2	銀座のデパートで先月買ったネクタイを、昨日叔父さんにあげました。	7
問題 3	私に毎日楽しく過ごしてほしいと父は思っています。	13
問題 4	毎日の満員電車 (に乗ること) は疲れます。	18
問題 5	その問題は (解いてみたら) 案外簡単でした。	23
問題 6	気がつくと、ぼくはある人のことを考えていました。	28
問題 7	目を覚ますために、コーヒーを飲むことにしました。	32
問題 8	そのニュースは私を非常に悲しくしました。	38
問題 9	あなたが大空を飛んでいるのを想像してごらん。	43
問題 10	中年の男性ふたりが昨夜の野球の試合のことを話題にしてい (るのを耳にし) ました。	48
問題 11	家に戻る途中、飛行機が飛んでい (るのが目に入ってき) ました。	54

問題12	乗り過ごしてしまったので、2駅戻ってきました。……… 60
問題13	駅を乗り過ごしたのはこれで3回めです。……… 68
問題14	私は中学生のときにその映画館に3回行ったことがあります。……… 72
問題15	今から3か月前、母と故郷を訪ね、街がすっかり変わっているのに驚きました。……… 78
問題16	10年ぶりに、近所の食堂を訪ねました。……… 84
問題17	飛ぶことができればいいのになあ、と思います。……… 90
問題18	(ぼくが) 鉄腕アトムなら、学校まで飛んでいけるだろうに。……… 94
問題19	あのとき、もし彼女にプロポーズしていたら、今頃は彼女と結婚しているだろう。……… 98
問題20	(しまった！) 今朝10分早く起きるべきだった (と思う)。……… 103
問題21	週末に、須磨 (Suma) に泳ぎに行こう (かな) と思っています。……… 106
問題22	病気であることは必ずしも不幸を意味するわけではありません。……… 111
問題23	大切なのはどう生きるかです。……… 118
索　引	……… 124

> **問題 1** その本は一読の価値があるという話を兄は私にしてくれました。

解法ポイント
・第4文型の機能。

英語の代表的な文型は5つあります。本シリーズの「入門編」では、次の3つの基本形についてくわしく学習しました。

1. **SV**（第1文型）
   The sun rises in the east.「太陽は東から昇る」
2. **SVC**（第2文型）
   I am a college student.「私は大学生です」
3. **SVO**（第3文型）
   I'll drink coffee.「私はコーヒーを飲みます」

本書では、これらの基本形に加えて、残りのふたつである第4文型と第5文型を中心に勉強をしていきましょう。このふたつの型を身につけることで、表現の範囲がぐんと広がります。

STEP1 「話をしてくれました」の表現法

▶人間社会は情報で成り立っている

現代は「情報社会」だと言われますが、考えてみると、人間社会はそもそも情報で成り立っています。

人は複数の社会に身をおいて日々生活しています。みなさんも、そのうちどの社会でもいいですからちょっと考えてみてください。

「現代社会」＝「情報社会」だと言うときの「現代社会」は英語では modern society ではなく、contemporary society と表現すべきです。contemporary は「時(-tempo)をいっしょにしている(con-)」、つまり「同時代の」という意味です。「現代社会」の「現代」を「同時代」と考えることで見えてくるものもあります。

「情報」を交換することで「人」は結びついているのですから、「〈人〉に〈情報〉を伝える」という表現はとても大切です。そして、このときの動詞には tell を使います。

✖ tell 〈人〉〈情報〉「〈人〉に〈情報〉を伝える」

▶第 4 文型と tell

この tell が作る基本形が第 4 文型（＝SVOO）です。また、tell は第 4 文型を代表する動詞です。

まず、第 4 文型の基本について説明しましょう。

日本語の「〜を」と「〜に」は英文の型を理解するポイントになることを「入門編」で繰り返しましたが、とくに第 4 文型では「〜に」と「〜を」の果たす役割が大きくなります。第 4 文型は、

✖ 「S は O_1 に O_2 を〜する」

と訳すのが基本です。これを英語の単語の並び方から眺めてみると次のようになります。

✖ 動詞のあとにふたつの名詞。

第 4 文型を代表する tell に即して言えば、動詞 tell の後ろにあるふたつの名詞のうち、最初の名詞を〈人〉に、ふたつめの名詞を〈情報〉にして、次のようになります。

✖ tell 〈人〉〈情報〉

▶「話」と「情報」

問題を作るときに「兄は私に…ということを教えてくれた」といったような表現にするかどうか迷いましたが、そうはしませんでした。あえて出題文のように名詞「話」を出すことで、**「話」**→**「情報」**という流れを確認してもらいたかったのです。その上で、第 4 文型で一番大切な tell の語法の話へ進めようと思いました。

さらに、もうひとつ思わくがありました。それは、「**「話」**という名詞を必ずしも英語の名詞にする必要はないこと」を知ってもらうことです。これは英語表現において非常に重要な姿勢です。

▶出題意図と答案

　答案を見てみましょう。tell を用いた答案も相当ありました。上で述べたように出題時に迷いがあっただけに、出題意図に合致した答案に接し少し安心しました。

　その一方で、「話」を story や talk という名詞を使って訳そうとした答案も多くありました。たしかに、誰でも最初は日本語の名詞「話」に対応する英語の名詞を探そうとします。talk は少し違うでしょうが story は誤りだとは言えません。ちなみに、history という単語には story が含まれています。「歴史」とは「(お)話」「物語」である、と考えることもできます。

　ただ、日本語の名詞を無理に名詞にしないという重要姿勢を確認しておきます。

基本姿勢：日本語の名詞を無理して英語の名詞にせずに、**SV** にしてみる。

　ただ、ここは、より広く使うことができる表現法を身につけるという意味においても、

✖ tell〈人〉that SV

の型を身につけましょう。that SV については、次のことを頭に入れておきます。

✖ 名詞節の that SV は「…こと」と訳す

　日本語の「(お)話」「物語」は「…こと」と言い換えられることがあります。ここでは tell の意味と文の型が「話」を表現しているのだと考えてください。「話」「物語」とあるからすぐに story と考える必要がないことも知ってください。

　なお、My brother said that SV とした答案が多数ありました。間違いではありませんが、tell と say とは本来切り離して学習すべき事項です（say については「入門編」問題 17 を参照してください）。

　tell と say の根本的な違いは、次のような型の違いに還元することができます。

> **say と tell の型**
> say 〈言葉〉
> tell 〈人〉〈情報〉

　say では「何を言ったか」に焦点があり、tell は「誰に言ったか」に焦点があると考えてもよいでしょう。

STEP2 「一読の価値がある」の表現法

▶「価値がある」の表現法
　「A には B の価値がある」は、次のような表現法を使います。

✕ **A be worth B**「A には B の価値がある」

　ポイントは B の部分です。**B には動名詞か名詞しか置くことができません。** worth の後ろに動詞を続けるときは語尾に -ing をつけるということで、**「ワース＋アイエヌジー」**と口に出して覚えましょう。そうすることで、worth のあとに to 不定詞は続かないということを自分の中に常識化してください。
　「その本は一読の価値がある」という日本語を、「その本（＝the book）」を A、「読むこと（＝reading）」を B と考え、A be worth B の型に当てはめて、

　The book is *worth* reading.

とします。
　この問題を出題した理由として、ひとつには「価値」という考え方について学んでほしかったことがあります。このような生き方の根本に関わるような表現法は確実に身につけておきましょう。
　同じことを別の言い方で確認しておきましょう。worth の用法は次のようにまとめられます。

✕ **worth の後ろには動名詞、または、名詞がひとつのみで、ふたつあってはならない**

したがって、次の表現は間違いです。

（×）The book is worth *while* reading.

なぜなら、worth の後ろに名詞がふたつ（while と reading）あるからです。

（注）
このテーマを考えるポイントは、while を「時間」という意味の名詞と考えることです。

（×）It is *worth* reading the book.

これは worth の後ろに名詞 while を補います。これを原則としておいたほうが結局は楽でしょう。この It は仮主語で reading the book（その本を読むこと）ですから、「その本を読むことは、時間（＝while）に値する」ということになります。
　普遍的価値など存在しないという考え方の影響というわけではないのでしょうが、この表現法についてはかなりの変遷があり、辞書の記述も揺れています。英文を読んだり、聞いたりする場合には、この基本とズレた表現法に出会うこともあるでしょう。しかし大切なことは、そういった揺れに引きずられることなく、上で述べたようなルールを自分でしっかり持っておくということです。英語学習の姿勢全般に言えることです。

▶「一読」の「一」について
「一読の価値」の「一」について触れておきましょう。

（×）worth reading the book *once*

のように「一回」を意味する副詞 once を入れると、「一度だけで、二度読むと価値がない」といったようなことになると了解し、間違いだと考えてください。「その町は一度訪問する価値がある」の「一度」も同じで、

The town is *worth* visiting.

とします。今後、「一」や「一度」という日本語について考えるきっかけにしてください。
　どうしても「一」にこだわるのなら、次の問題2で学習する「give＋名詞＋名詞」

の型を用いる方法があります。

worth giving it *a read*

read の不定冠詞 a に「一」の意味があるとするのもひとつの解決法でしょう。模範解答例は、次のようになります。

My brother told me that the book is worth reading.

〈添削コーナー〉
I heard that the book is <u>worthy of</u> (→ worth) reading <u>from my brother</u> (→ I hear の後ろへ).

tell と hear の表現法を合わせて覚えましょう。両者の関係は次のようになります。

✗ 〈相手〉tell 〈私〉〈情報〉(第 4 文型)
✗ 〈私〉hear/learn (from＋相手)〈情報〉(第 3 文型)

したがって、この答案は考え方の筋も正しいと言えます。
　ただし、「節の中はひとつの閉じられた世界」という原則にしたがって、from my brother は that SV の外に出します。
　なお、be worthy of は、動詞1語で書き換えれば deserve「～(を受ける)に値する」です。

This paper *deserves* attention.「この論文は注目(を受ける)に値する」

たとえば、get what you deserve で「受けるに値するものを手にする」ということから、「自業自得」の意味になります。

> **問題2** 銀座のデパートで先月買ったネクタイを、昨日叔父さんにあげました。

解法ポイント

・第4文型の機能。（Ⅱ）

問題1に続いて第4文型の学習です。

STEP1 「叔父さんにあげました」の表現法

ポイントは「叔父にネクタイをあげた」の箇所です。「～に」と「～を」に注目できたでしょうか。

🛠 「～に～を…」→ SVOO

これが第4文型の基本です。「その少年にこの本をあげてちょうだい」は、次のように give を使います。

Give the boy this book, please.

動詞＋名詞＋名詞で、動詞の後ろに名詞がふたつあります。ですから、動詞 give の作る型は第4文型です。第4文型がしっかり身についている人は、中学の段階で Give me the book.（私にその本をちょうだい）といった基本文を覚えたはずです。そのプロセスで、give〈人〉〈物〉（〈人〉に〈物〉をあげる）といった「～に」「～を」という日本語と無意識に結びつけて習得しています。

give〈人〉〈物〉の〈物〉を「情報」に置き換えると、tell〈人〉〈情報〉が give〈人〉〈物〉と同じ形であることが理解できます。こういった全体の構図を頭に入れて give の用法を学びましょう。

では次に、過去形の用法は過去の時の有無を基準にして考える、という重要なことを考えましょう。これは復習事項です。

▶過去を表す語句の確認

過去を示す語句には意識的に注目するようにしましょう。「先月」と「昨日」のふたつです。

「先月（=last month）」という過去を示す語句があるのですから、次のような時制の間違いをしてはいけません。

（×）I had bought ... last month

I borrowed it last Wednesday（この間の水曜日にそれを借りた→「入門編」問題 16）という文には last Wednesday という過去を示す表現があるので、動詞部分を had borrowed と過去完了にはできなかったですね。この問題で過去形 bought を用いるのもこれと同じことです。このような had P.P. に関する間違いはあとを絶ちませんから、そのつど指摘して、その上で過去完了ついて解説します。

「動詞の過去形で過去の事実を表現するときは、過去を示す語句を入れる」と「過去を示す語句（=last month / yesterday）と完了形（=have P.P. / had P.P.）はいっしょに用いてはならない」というふたつのルールは表裏一体です。

give O O については、次のように整理してください。

⚒ give〈人〉〈物〉「〈人〉に〈物〉をあげる」

「昨日、私は叔父さんにネクタイをあげた」をこれに当てはめると次のようになります。

I gave my uncle（=人）the tie（=物）yesterday

（注）

give の意味について触れておきましょう。gift（贈り物）→give という関係を頭に置いて、give は「あげる・ちょうだい」といった優しい感じを持った語であることを知ってください。これはぜひ知っておくべき事項です。たとえば、泣いている子供に対して、「ぼく、笑ってごらん」を *Give* me a smile, buddy. と表現するのが典型例です。

STEP2 「銀座のデパートで買ったネクタイ」の表現法

▶文の骨格を抜き出す

では、もうひとつの SV である、「(私は)…買った」に移りましょう。

SVO (=第3文型) の「…は〜を…」の基本どおり、buy の過去形 bought を用いて、次のようにします。

I *bought* a tie last month.

ところで、文の骨格を考える際に、**副詞的箇所 (=「いつ」「どこで」「どのように」) は外す**という姿勢は身についてきましたか。「どこで」にあたる「銀座のデパートで」がわからないからといってあきらめたりするのではなく、まず**文の骨格を抜き出して考える**ようにしてください。この作業ができるかどうかが、英訳をスムーズに行うためのひとつのポイントです。ただ、この作業はコツさえつかめば難しくはないのですが、慣れるのに時間と訓練が必要です。

たしかに「銀座のデパートで」は、「〜の」「〜で」という英訳における最難関表現のひとつを含んでいることもあってやさしくはありません。いや、だからこそ、それを外してまず考えるという手順の重要性が増すのです。

▶「〜の」と「〜で」

「銀座のデパートで」の「の」と「で」について考えます。「銀座のデパート」は、

the cherry blossoms *in* this part of the country
「この地方の桜」(『入門編』問題 2)

を土台に考えましょう。そうすれば、

a department store *in* Ginza

と表現できます。名詞の後ろの前置詞句は形容詞句になるというルールを適用します。

「デパート (= department store)」の冠詞を考えます。不定冠詞 a で「ほかにもあ

る」ことを示せます。a department store で「銀座には他にもデパートがある」ということを示しています。また、不定冠詞 a に関してのより根本的なルールである、不定冠詞 a は、相手に、次の名詞（＝デパート）をイメージさせるというルール（→問題 14、「入門編」問題 6）に照らしても不都合はありません。

　もちろん、ここは定冠詞 the でも間違いではありません。「あなた（＝読者）がご存じの例のデパート」ということです。自ら状況を設定した上で、なぜそれを用いるのかを自分でわかっていることが重要です。**冠詞は状況なしでは議論できない**ということを忘れないようにしましょう。

　なお、「デパート」は（×）department ではなく、department store と store を忘れないように注意です。department だけだと「部署」の意味です。

▶ a Ginza department store と Ginza Department Store の違い

　「銀座のデパート」を *a* Ginza department store とした答案がありました。正しい表現です。不定冠詞 a があることと department store が小文字であることに注意しましょう。「の」に対する表現として覚えておきましょう。次のような違いになります。

✵ **Ginza Department Store**「銀座デパート」（という名前のデパート）
✵ ***a* Ginza department store**「銀座のデパート」

　上に述べたふたつの違いに注意して覚えておくと便利です。たとえば、Kyoto Coffee Shop なら「京都喫茶店」という名の喫茶店で *a* Kyoto coffee shop なら「京都の喫茶店」のことです。

　なお、リスニングの場合は大文字と小文字の判断はできませんから、不定冠詞 a の有無がポイントになります。不定冠詞 a の重要性を改めてかみしめながら、前の項目で示した不定冠詞の基本的な役割が活かされていることを確認してください。

▶ 名詞＋SV の SV は関係代名詞節

　「友だちに借りた本」（→「入門編」問題 16）の英訳は、

「本」＋「私が友だちに借りた」

と考えました。英語は次のようになります。

the book I borrowed from a friend

この**名詞＋形容詞節**の型で、「私が買ったネクタイ」を表現してみましょう。

✂ 「ネクタイ」＋「私が買った」 → the tie I bought

下線部の節は名詞（＝the tie）を修飾するから形容詞節です。この型の節を関係代名詞節と言います。すべての関係代名詞節は名詞を修飾する形容詞節です。

関係代名詞節は形容詞節なのですから、その節で修飾すべき名詞（＝the tie）がその節の中に入っていると、同じ要素が重複してしまいます。

the tie I bought ~~the tie~~

これが関係代名詞節の中の名詞が消えることのひとつの説明法です。
模範解答例は次のようになります。

> **Yesterday, I gave my uncle the tie I bought at a department store in Ginza last month.**

〈添削コーナー〉

I presented a necktie which I had（→削除）**bought at a department store at**（→ in）**Ginza last month.**

---

presentはアクセントに注意です。動詞のアクセントは［プレゼント］と後ろで［ゼ］の上、名詞と形容詞は日本語と同じでアクセントは［レ］の上です。なお、形容詞で用いると「その場にいる」の意味で absent の反対語でアクセントは［レ］の上です。

このpresentの使い方は間違いではありませんが、動詞presentは「授与する」「贈

呈する」という日本語に近い語です。formal な感じが強く出る語です。名詞の presentation は「授与」「贈呈」で、日本語で「発表」の意味で「プレゼン」と言われている「プレゼンテーション」にもこの formal の意味が活きていますね。

　用法にも注意です。present〈人〉with〈物〉の形で「〈人〉に〈物〉を授与・贈呈する」と整理しましょう。大相撲の千秋楽の表彰式の雰囲気でしょうか。この型で正しく表現できている答案もありました。

> **問題 3** 私に毎日楽しく過ごしてほしいと父は思っています。

解法ポイント

・第 5 文型の機能

　今まで第 4 文型までを学習してきましたが、今回は第 5 文型の学習です（第 1 文型、第 2 文型、第 3 文型については「入門編」で扱っています）。

　英語は 5 つの文型に分ければほぼ理解できる。これは考えてみれば不思議なことです。言葉を換えて言えば、5 つの文型という枠組み（＝物の見方）は非常に便利な英語理解のための道具だということです。

STEP1 ▶ 第 5 文型の考え方

　第 5 文型の学習を始めますが、まずは SV に分ける作業から始めましょう。

▶第 5 文型を使うための準備

　問題文は次のふたつに分けることができます

1. 父は…ほしいと思っている。
2. 私が…毎日楽しく過ごす。

　それぞれの文の主語に注目してください。今まで学習してきた文と違い、主語が「父」と「私」で異なっています。

　第 5 文型を理解するための出発点は、まず主語が異なっていることを知ることです。

✘ ひとつの文に主語（＝主体）がふたつ。

　これこそが第 5 文型の本質です。つまり、主語（＝S）が異なるふたつの SV をひとつの SV にするのが第 5 文型（＝SVOC）の基本的な考え方です。

(注)
　いつもそうなのですが、出題時にこの第5文型に対応する日本語をどのようにするのかを悩んでいろいろなものを作ってみましたが、結局、出題文のようにしました。

▶第5文型の作り方
　便宜上、ひとつめのSVを S_1V_1、ふたつめのSVを S_2V_2 としましょう。

　✖ $S_1V_2 + S_2V_2$

　ただ単に My father wants ... + I .... とふたつのSVを並べてつなげるだけでいいのなら楽ですが、ここはもっと踏みこんで考えなければなりません。
　ふたつのSVを第5文型として結びつける際に、注意するべきことがひとつあります。それは、ふたつめのSVのVをそのまま使うのではなく、この場合、前にtoを入れることです。

　✖ $S_1 V_1 + S_2 V_2 \rightarrow S_1 V_1 + S_2 \text{ to } V_2$

この型に当てはめると、

My father wants me to V

というひとつの文になります。この段階で、S_2 (=I) は V_1 のO (=目的語) に組みこまれることになります。

　✖ I (主語) / my (名詞の前) / me (動詞・前置詞の後ろ) / mine (=my+名詞)

この3つめ (=me) を用います。(×) wants I というつながりはありません。

STEP2 ▶ enjoy と spend の使い方

▶動詞 enjoy の不思議
　「毎日楽しく過ごす」を考えます。「入門編」の問題17で「楽しい一日」とい

う表現を英訳するのが意外と難しいことを解説しましたが、「楽しく過ごす」も同様に意外と難しい表現です。

こういった各人の考え方が色濃く出る表現は、自分の考えに従って自由に表現してもらえばよいのですが、少なくとも基本はおさえておきましょう。

「楽しむ」の英訳
（1） enjoy myself
（2） have a good time

ポイントは **enjoy** を単独で用いることはないことです。これは考えてみると興味深いことです。enjoyの後ろのmyselfを忘れないように注意してください（レストランなどで、店員が料理を並べ終わって "Enjoy!" と言うことがありますが、その場合はあなたの目の前の料理 (the meal) が目的語なのでしょう）。

また、enjo y の後ろに動詞を続ける場合は、必ず動詞の語尾に -ing をつけ動名詞にしなくてはなりません。enjoy Ving なら OK です。finish と同様（→「入門編」問題16）、enjoyもあとに動詞が続く場合は、動名詞にしなければなりません。**「エンジョイ＋アイエヌジー」**と覚えてください。

▶「毎日、生活をおくる」の表現法
「～の生活をおくる」の「おくる」は live か lead を用います。「生活をおくる」と解釈して live a happy life とした答案と lead a happy life とした答案が半々ありましたが、どちらも OK です。

「毎日」は副詞ですから、this・that / next・last / every・each の前には、時を表す「～に」の on や in を用いてはならないので、(×) *on* every day ではなく every day とします。

▶ spend と「過ごす」との関係
この問題を出題したひとつの理由は、「過ごす」という日本語を出すことで spend の用法を確認しておくためです。次のふたつをおさえてください。

1. spend は「～を費やす」→「～を使う」を基本意味とすること。
2. spend + 時・金 + ～ing / spend + 時・金 + on +～、のふたつを原則とす

問題 3

ること。

このふたつです。次の表現は避けてください。

(×) *spend* happily every day

これは spend を「過ごす」と覚えて、それをそのまま適用したのでしょう。たしかに、「過ごす」という日本語がいちばんよく使われますが、**基本意味は「費やす」「使う」**と考えましょう。

たとえば、「楽しい週末を過ごしてください」の「過ごす」は spend ではなく have を用います。

Have a nice weekend.

よく間違いますから注意してください。なお、spend every day happily とした答案が2、3ありましたが、every day が時を表す名詞として使われているのなら間違いとは言えません。

模範解答例は次のようになります。

My father wants me to enjoy myself every day.

〈添削コーナー〉

My father hopes (→ wants) me to live happily everyday (→ every day).

to を付加して第5文型で使えない動詞があります。hope と demand のふたつを覚えましょう。

(×) hope O *to* V → (○) want O *to* V
(×) demand O *to* V → (○) require O *to* V

「欲求（want）」や「希望（hope）」を表現する動詞の語法は大事ですから、上の知識と合わせて次のことも覚えておきましょう。

（×）hope O *to* V → （○）hope that SV
（×）want that SV → （○）want O *to* V

次の答案は OK です。

My father *hopes* that I have a good time every day.

　is hoping と進行形にした答案もありましたが、進行形にする理由はとくにありません。「入門編」問題 4 で進行形の用法は解説しています。
　expect を使った答案が多数ありました。この動詞の基本意味は「〜を予想する」です。英文和訳のとき、自分の判断で「期待する」と訳すことは許容されますが、あくまでも基本意味は「〜を予想する」「〜だと思いこむ」です。expect は感情を表現しない、ということを知ってください。この文脈では避けるべきです。
　なお、重要語 expect については問題 5 で改めて学習します。
　最後の everyday は 2 語にします。2 語の every day は「毎日」の意味の副詞、1 語の everyday は「毎日の」「日々の」の意味の形容詞です。

everyday routine「日課（＝日々の決まったこと）」

> **問題4** 毎日の満員電車（に乗ること）は疲れます。

解法ポイント

・make の第5文型での使い方。
・「乗る」の表現法。

　問題3では第5文型の作り方を学びました。この問題からは第5文型で用いる重要な動詞という点からアプローチします。第5文型でまず覚えるべき動詞は次の語です。

---
(1)　<u>make</u>
(2)　find
(3)　keep
(4)　leave

　この中でもとくに第5文型を代表する語が make です。今回は make について学習します。なお、表現法のポイントは「乗る」の表現法です。

STEP1　主語の設定

▶「私」を主語にしたら

　いただいた答案では、主語を「私（= I）」にしたものと「電車に乗ること」にしたものに分かれました。どちらでもかまいません。困ったときには〈人〉を主語にして考え直すのが基本姿勢です。「私」を主語にした人は正しい考えです。その場合は、問題文の SV が次のように分けられます。

1. 私は疲れ（てい）る。
2. 毎日、私は満員電車に乗る。

　表現上のポイントは次のとおりです。

🛠 **I am tired from ～「～で疲れる」(肉体的に疲れる)**
🛠 **I am tired of ～「～に飽きる」(精神的に疲れる)**

▶「満員電車に乗ること」を主語にしたら

今回は、5 文型を理解することを中心に考えるために、「満員電車に乗ること」を主語にして考えます。

まず、「毎日の満員電車」の「の」をどう処理するかを含めて、「毎日の満員電車」を名詞の組み合わせで訳そうとするのではなく、「毎日（＝副詞）満員電車に乗ること」と構成してから主語として訳します。「～すること」の意味にするためには、動詞 take「乗る」を「乗ること」を意味する動名詞に変えなくてはなりません。

次の基本事項はおさえられているでしょうか。

🛠 **主語になるのは名詞・名詞句・名詞節。**

これには動名詞も含まれます。動名詞は動詞を名詞化したものです。

動詞を動名詞にするためには語尾に -ing をつけます。take → taking です。take の語尾の e は消えます。

STEP2 文型の選択

▶第 3 文型で表現

第 3 文型（＝SVO）で表現した答案が少数ありました。

Taking overcrowded trains every day *tires*（＝V）me（＝O）.

第 3 文型が英語表現の基本であることに照らしても、これは模範答案とすべき英文です。それを了解した上で、第 5 文型の型を練習するためにあえてもう少し考えることにしましょう。

▶第 5 文型で表現

第 5 文型で表現するために、日本語を次のように構成します。

「満員電車に乗ること」が + makes +「私」を +「疲れた状態」に (+「する」)

最後の「する」が makes と対応します。「疲れた状態である」を表す形容詞は tired がいいでしょう。すると、文の骨格は次のようになります。

Taking ... *makes* me tired.

これで SVOC のそれぞれの要素はすべてそろいました。

▶ make =「作る」？　make =「する」？

make という動詞が意味するところは、「何もないところから、あるものやあること (=ある状態) を生み出す」です。たとえば、「火をおこす」は「おこす」に make を用いて make fire と言います。make の根本意味を見事に伝えてくれる例ですね。

make を「作る」と覚えていれば、make fire を「火を作る」から「火をおこす」と考えることができます。中学英語でまず make =「作る」と覚えることは正しいことです。

しかし、この問題で考えている make をはじめ、訳語としては make =「する」と考えたほうが、応用範囲ははるかに広いのです。例はいくらでもあります。

「間違いをする」= *make* a mistake
「約束をする」= *make* a promise
「電話をする」= *make* a phone call
「進歩する」= *make* progress

make =「作る」と覚えている人は、ぜひ今後は make =「する」という視点から make を含む英語表現を眺めてみてください。当てはまる表現を集めれば、あなただけの、そして最高の和英辞典の一項目になるでしょう。

STEP3 ▶ 「満員電車に乗る」の表現法

▶「乗る」の表現法

　この「乗る」に get on を用いた答案が多くありました。get on と get off の関係をおさえておいてください (→問題 12)。

✖ get on「(〜に) 乗る」⇔ get off「(〜から) 降りる」

　get on は「プラットホームから電車に乗りこむ」という意味での「乗る」です。たとえば、「(電車に) 乗ろうとしたら、誰かに靴を踏まれた (＝誰かが私の靴を踏んだ)」の「乗る」には get on を用い、次のようにします。

　I was just about to *get on* when someone stepped on my shoe.

　それに対して、「〜を利用する」の「乗る」には take を用います。たとえば、「京都から大阪まで京阪電車ではなく阪急電車に乗った」の「乗る」は、「阪急を利用した」ということですから take を用います (→問題 12)。

　I *took* Hankyu from Kyoto to Osaka, not Keihan.

　この問題では、「(目的地に行くのに、仕方なく) 満員電車を利用する」ということですから take が適切です。ちなみに、「首都高 (速道路) に乗る」の「乗る」も「利用する」ということですから take を用いて *take* the Shuto Expressway となります。

▶冠詞の決定

　状況なくしては冠詞の判断はできません (→問題 2)。この問題文の発言が発せられた状況があいまいですが、**一般論は動詞は現在形、名詞は複数で表現する**という大原則により、overcrowded *trains* と複数にしましょう。「この路線の電車 (＝ the trains on this line)」という状況なら、the overcrowded trains も間違いだとは言えないでしょう。

　模範答案例は次のようになります。

Taking overcrowded trains every day makes me tired.

〈添削コーナー〉

I am tired <u>with</u> (→ from) <u>getting on</u> (→ taking) <u>trains crowded with people</u> (→ overcrowded trains) every day.

「その公園は人でいっぱいだった」は The park was crowded. です。後ろに with people をつけてはいけません。形容詞 crowded に「人」の意味が含まれています。名詞の crowd には「人混み、群衆」の意味があります。

ただし、「その公園は<u>若者</u>でいっぱいだった」は、「若い」という情報を足さなければならないので、

The park was crowded *with young people*.

とします。同じような例でより重要なのは popular です。この語にも people の意味が含まれています。

This magazine is *popular*.「この雑誌は人気がある」
This magazine is *popular* with young people.「この雑誌は若者に人気がある」

なお、形容詞の crowded や overcrowded の語尾の -ed を忘れた答案がかなりありました。よくある間違いですから要注意です。

> **問題 5** その問題は（解いてみたら）案外簡単でした。

解法ポイント

・find の第 5 文型での使い方。

第 5 文型で使える動詞の中でもとくに重要な find を今回は学習します。
第 5 文型 find の基本形は次のようになります。

✗ **find 〈名詞〉〈形容詞〉**「〈名詞〉が〈形容詞〉だとわかる」

これは頻出表現です。なぜ頻出表現なのかも考えながら、次の問題 6 とともに find について学習しましょう。

STEP1 find OC の用法

▶ **find 〈名詞〉〈形容詞〉が重要表現である理由**

この型が重要であることをわかってもらうために、まずは動詞 find の定義をしておきましょう。

第 5 文型の find の基本意味：「〜を（体験によって）見つける」
※体験に基づくので、「苦労」を伴うこともある。

問題の「解いてみたら」の部分がポイントになります。第 5 文型の find には「〜してみると…」の意味が含まれています。「〜してみると」は上の定義の「(体験によって)…」の部分にあたると考えてください。

では問題に入りましょう。この型に当てはめるため、与えられた日本語から名詞と形容詞を抜き出して整理すると、次のようになります。

✗ **find ＋「その問題」＋「簡単」**

日常で「何かを知る」と言うとき、人から聞いたり、本や新聞で読んだりといったように<u>間接的に知る場合</u>と（→問題1）、実際に自分で経験して<u>直接知る場合</u>があります。
　日常で直接経験して知ったことを相手に伝えるという場面は多いので、経験して知ることを表す find が用いられることが多いのは当然です。

▶ think〈名詞〉〈形容詞〉を避けるべき理由

　答案を見てみると、予想どおり、次のように think を使ったものがありました。

I *thought* the problem easy

　このように think〈名詞〉〈形容詞〉の型を多用する人がときどきいます。
　たしかに、think OC という英文を見たこともあるでしょうし、実際、その用法が辞書にも示されています。しかし、みなさんがこの型を用いることは極力避けるべきです。
　think の基本意味は「意見を持っている」ですが、基本の型は SVO の O を that SV にした形です。つまり、次の型です。

✖ S think (that) SV

　that SV のところで主語の意見の具体的な内容が述べられます。この型を think の基本と考えてください。
　ちなみに、私も英文解釈の授業では think OC という可能性があることには触れますが、それと同時に、自分では用いないことを原則するように強調することにしています。<u>単語や文法は解釈用と表現用とを分けなければならないこともある</u>という典型例です。

▶ find it〈形容詞〉to V の型

　次のような答案もありました。

I found it easier to solve the problem

文法的には間違いではありません。また、find it〈形容詞〉to V は第5文型の重要な型です。この型は次のように整理できます。

✘ find it〈形容詞〉to V「Vするのが〈形容詞〉だとわかる」

これは、「問題を解くのが簡単である」という意味です。ここで表現すべき「問題が簡単である」とは意味が微妙に違います。つまり「解くのが簡単」か「問題が簡単」かの違いです。「結局同じじゃないか」などと考えずに、英訳の場合は厳密に区別しましょう。

たとえば「その問題を1時間で解くのは難しいとわかった」ならこの型を用いて、次のように表すことができます。

I *found* it difficult *to solve* the problem in one hour.

これは「解くのが難しい」のほうです。

STEP2 その他の「問題」

▶「問題」問題

世の中、日々「問題」だらけです。みなさんが目にする試験問題もあれば、国内では政治問題や経済問題、また海外で起こる国際問題、家庭では嫁姑問題なんていうものもあります。そういったことを考えても、「問題」の表現は大事なのです。

まずは、次のことを覚えましょう。

(1) solve the problem
(2) ask / answer the question

それぞれをワンセットで覚えなくてはいけません。これが「コロケーション (= collocation)」の「問題」です。

次のようにした人は、今後は注意してください。

(×) solve the *question*

　problem［プ**ロ**ブレム］の、pro ... という、行く手に「ポコッ」と出てきたモノという感じの部分や、b や l のスペルが、進むべき道に無数に存在する障害物のように感じられます。
　solve the problem は、その行く手を阻むひとつひとつのモノを溶かしていく感じで「解決する（= solve）」です。
　problem と question の違いは、次のように整理することができます。

---
problem と question の区別
（1）problem ………「解決する（solve）」べき対象
（2）question ………「解答する（answer）」べき対象

　これに限らず、動詞と名詞の結びつき（コロケーション）には今後も注意を払ってください。なお、「問題」にあたる表現はほかにもあるのですが、まず以上のことを覚えて、そして正しく使えるようになってください。
　これで、次のような第5文型の文が出来ます。

✗ I found the *problem* easy.
「その問題は（解いてみたら）簡単だった」

　ここでは problem にしておきましょう。状況がないので question でも OK です。

▶ expect が重要な理由と用法
　残った問題は「案外…」「意外と…」の表現法です。
　expect は重要語です。expect は問題3の添削コーナーの解説で少し触れました。ここで改めて学習しましょう。
　私たちは日々、次に何が起こるかを予想しながら生活しています。予想する（= expect）先のことが現実のものとなったとき、自分が抱いた予想とズレてがっかりしたり（= be disappointed）、びっくりしたり（= be surprised）します。それでも、また新たに「先のこと」を予想する（= expect）…その連続です。
　ですから、expect を用いた次の表現がよく用いられるのも当然のことだと言え

ますね。

✗ 「案外…」「意外と…」＝〈比較級〉than S expected

これは大事な公式です。問題文をこれに当てはめると次のようになります。なお、easy を比較級の easier に変えます。

> **I found the problem easier than I expected.**

これが模範答案です。くれぐれも、easy と easier の語尾変化に注意してください。

なお、今回は had + P.P.（その時までは…）の型（＝過去完了）を使う場面はありませんでしたが、than I had expected とすることもできます。ただし、expect（～を予想する）の中に完了形の持つ意味が入っていると考えて、than I expected としてもかまいません。

この問題は、これから先の学習のテーマの柱となる完了形を学習してから、そこで再びこの表現法について考えてください。

〈添削コーナー〉

I thought the problem easy unexpectedly (→ unexpectedly easy).

本文で説明したように、think it easy のように、think を第 5 文型で用いることはできますが、find〈名詞〉〈形容詞〉の型に比べれば重要度は低いと言えるでしょう（「～してみると」の表現法の問題もあります）。

think that SV の第 3 文型が基本だと覚えてください。

easy は形容詞 unexpectedly（予想外に）は副詞です。語尾の -ly に注目し、語順に注意です。

a very（＝副詞）cold（＝形容詞）day（＝名詞）「非常に寒い日」

> **問題 6** 気がつくと、ぼくはある人のことを考えていました。

解法ポイント

・find の第 5 文型での使い方。（Ⅱ）

　この問題でも find についての勉強を続けます。

　問題 5 では第 5 文型の find の用法を学習しました。find が「経験してみたら…であるとわかった」という意味を持つこと、そして、find OC の C が形容詞になるのが基本であることを説明しました。

　以上を整理すると、find OC の C が形容詞になる場合、次のような型と基本意味を持ちます。

　　✶ **find〈名詞〉〈形容詞〉**
　　　「〈名詞〉が〈形容詞〉だと（体験によって）わかる」

　今回の問題では、この型の応用（あるいはバリエーション）になる表現を学びます。

STEP1　find の用法

▶ **find myself Ving**

　みなさんは、日々の生活の中で、自分が無意識に何かをやっていることにふと気づくという経験をしたことはありませんか。そのときの「（気がつくと／いつのまにか）自分は…している」を英語で表現するのに便利なのが、次の型です。

　　✶ **find myself Ving**

　日常の身近な状況だけでなく、よくひとりごとなどで使う「いつのまにか／もう…なんだなあ」といった表現も、この型で表現できます。たとえば、次のように使います。

I *find* myself *being* in my thirties.
「気がつくと私も30歳代なんだなあ」

ですから、覚えておくとたいへん便利です。
　問題5で、find the problem（＝O）easy（＝C）を、「その問題を解いてみたら、その問題が簡単だとわかる」と find の基本意味から「解いてみたら」が表現されていると考えたように、「気がつくといつのまにか」の意味がこの型で表現されます。

▶答案の検討
　この表現を使った人が予想より多くいたのはうれしい驚きでしたが、次のような間違いもありました。

（×）I found myself to think（→ thinking）
（×）I found myself think（→ thinking）

　SVOC の C は名詞か形容詞です。問題5で学んだ文では形容詞でした。
　thinking は語尾の -ing に注目して現在分詞、つまり形容詞と考えます。-ing と言えば進行形がまず思い浮かびますが、**（一時的に）進行している**ことを表現する**進行形**の本質に照らしても find myself -ing のように -ing を用いる理由がわかるでしょう（→「入門編」問題4）。
　間違った人は、これを機にぜひ進行形について復習してください。

▶ think は自動詞
　think という動詞は、「〜を考える」と「を」と訳すことができるのに、次のような型での他動詞の用法はないことに注意が必要です。

（×）think〈名詞〉

次の型が基本です。

✖ think *about*〈名詞〉/ think *of*〈名詞〉

このように名詞の前に前置詞（= about か of）が必要です。
　答案には think a person としたものがありましたが、間違いです。次のように訂正してください。

think *about* a person

　要するに think は think that SV とする以外では、自動詞として使うのが基本なのです。

STEP2 「ある人」の「ある」と冠詞

　最後に、「ある人」の「ある」についてまとめておきましょう。次のように整理できます。

「ある＋名詞」の表現
- (1) a〈単数名詞〉
- (2) a certain〈単数名詞〉
- (3) some〈単数名詞〉

　それぞれについて、簡単にコメントしておきます。(1)の不定冠詞aについては、「入門編」やここまでの問題で繰り返しているので、ここでは省略します。(2)と(3)について触れておきましょう。
　(2)の a certain〈単数名詞〉についている certain は、本来は「確かな」という意味の形容詞です。それに、不定冠詞aの力によって、聞き手に「どんなふうに確かなのだろう」と次の名詞の姿を勝手にイメージさせます。certain をつけることで、「確かだと私にはわかっているのですが、それはあなたが適当に想像してください」という感じが伴います。日本語で言えば「とある…」「某（ぼう）…」といった意味になります。
　(3)の some〈単数名詞〉ですが、まず、「ある〜」と訳す場合は、some の後ろの名詞が単数形であることに注意してください。some〈複数名詞〉になると、「いくらかの・一部の〈名詞〉」の意味になります。
　some にはぼかす働きがあります。自分にはわかっていることを、聞き手には

ぼかして伝えるということで、a certain〈単数名詞〉と共通するものがあります。複数名詞につく場合は数をぼかしているわけです。

ただし、some〈単数名詞〉には、次の名詞に対してマイナスの評価を与えたい、言い換えると「よからぬもの」として表現したいときに用いられることがあります。英語を書く場合はあまりとらわれる必要はありませんが、英語を読む・聞く場合には頭の片隅に置いておくといいでしょう。

なお、one man（一人の男）も間違いではありません。ここでは触れませんが、ぜひ a〈名詞〉と one〈名詞〉についての違いを自分なりに考えておいてください。

模範解答例は、次のとおりです。

I found myself thinking about a person.

〈添削コーナー〉

When I came to myself, I was thinking of a somebody (→ person).

somebody には「人」のほかに「大物」という意味の用法があります。

I want to be *somebody* in the future
「私は将来、大物（有名人）になりたい」

I come to myself / I come to は「正気に戻る」という意味です。文字どおり、「意識が戻る」という意味から、「正気になる」といった抽象的な状況でも用います。

このほかにもこの表現を用いた答案が多くありましたが、すでにわかってもらえたと思います。find myself Ving の型でこの意味が表現できることが、この問題のテーマでした。

> **問題 7** 目を覚ますために、コーヒーを飲むことにしました。

解法ポイント

・keep と leave の第 5 文型での使い方。

ここまで、第 5 文型を代表する動詞 make と find の使い方について学びました。この問題では、残りの代表的な動詞 keep と leave について学びます。両方の動詞とも基本とすべき型は次のようになります。

✻ keep / leave ⟨名詞⟩⟨形容詞⟩

これは SVOC の C に形容詞を使うことができる型です。このふたつの動詞については使い方をまとめて覚えましょう。その上で、以下に解説するようにそれぞれの違いを意識して覚えてください。

STEP1 第 5 文型の leave と keep

▶ leave と keep の違い

上で述べた leave と keep の共通点を踏まえて両者の違いを整理しましょう。まず、覚えるべき例文を挙げます。

Leave the door open.「ドアを開けたままにしておいてくれ」
Keep the door open.「ドアを開けた状態にしておいてくれ」

違いをはっきりさせるために、両者を次のように整理します。

> 5文型のleaveとkeepの意味上の違い
> - leave 〈名詞〉〈形容詞〉
>   「〈名詞〉を〈形容詞〉の状態のままにしてその場を去る」
> - keep 〈名詞〉〈形容詞〉
>   「〈名詞〉を〈形容詞〉の状態に理性を使って意図的に保つ」

以上はleaveとkeepの基本意味から生じる違いです。

▶「目を覚ます」はkeepかleaveか

　wake upは「目が覚める」の意味です。もちろん訳語は「目を覚ます」でいいのですが、本来は「目が覚める」ことに重点があります（→「入門編」問題5）。また、wake upはwake〈人〉upかwake up〈人〉で「〈人〉を目覚めさせる」の意味になります（代名詞ではwake〈代名詞〉upのみ）。これは「眠っている人を起こす」という意味です。後者の場合は他動詞です。

　答案にこのwake me up（私の目を覚まさせる）を使ったものがありました。比喩的になら使えないことはありませんが、文字どおりにとれば、「コーヒーが私を眠りから覚ました」の意味ですから、やはり不自然です。「私」は眠った状態でコーヒーを飲んだわけではありません。

▶「もうひとりの自分」と第5文型

　そもそも第5文型（= SVOC）は、ふたつの主体（= 主語）をひとつの文で表現することをその根本的な役割とする型です（→問題3）。「私」のことを表現する場合の主体は「私」だけですから、そのままでは第5文型は使えません。では自分のことに第5文型を用いるためにはどうすればよいのでしょうか。

　第5文型が使える条件は「ふたつの主体」ですから、ポイントは「私」のほかにもうひとつの主体をどうやって作り出すのかです。それは、「自分」が「もうひとりの自分」を客観視する構図である「自分が自分を〜する」という状況を想定することで可能になります。

　この問題に即して具体的に考えれば、次のようになります。

1.「眠たくて、このままだと眠ってしまいそうな自分」

2.「目を覚ました状態にしておこうとする(理性的な)もうひとりの自分」

　この問題で、「コーヒーを飲む」ことにしたのは、眠たくなってきたので「意図的に(＝理性を使って)、自分自身を目が覚めた状態にしておく」ためです。「目が覚めた状態にある」ことを表す形容詞は awake なので、「自分自身を(＝myself)目が覚めた状態(＝awake)に保っておく(＝keep)」と考えて、次のようにします。

　keep myself awake

　問題 6 で学んだ find myself Ving という表現法もこの考え方が土台になっていることを確認し、問題 3 で述べた第 5 文型の根本と合わせて理解してください。第 5 文型の学習が進んできたこのあたりで、もう一度出発点を確認しながら、この先の第 5 文型の学習を進めていくといいでしょう。

▶ me と myself

　また、答案には keep *me* awake としたものがありました。この場合は間違いですが、その理由がわかりますか。まず、him と himself の違いを考えましょう。
　次のふたつの英文の意味の違いを考えてください。

(1)　He finds *him* …
(2)　He finds *himself* …

　(1)(2) の主語 He をかりに「A君」とします。(1) の文の him は「A君」とは別人の「B君」です。それに対して、(2) の himself は「A君」で主語の He と同一人物です。したがって、「私が(＝I)」が主語になると、me は使えないことになります。「もうひとりの自分」を想定したのは抽象的なレベルの話であって、具体的に「自分」がもうひとりいるのではありません。「自分」はこの世にひとりです。この問題の場合は myself を使わなければなりません。

(×) I 〈動詞〉me → (○) I 〈動詞〉myself

　me なのか myself なのかは、主語を何にするかによって決まります。そういっ

たことも頭に置いて全体のまとめに入りましょう。

STEP2 「決断」の表現法

▶ SV に分ける

本来は最初にするこの作業ですが、解説の都合で、leave OC と keep OC の説明のあとにもってきました。

では、まず問題文の内容をふたつの文に分けてみます。

1. 私は、コーヒーを飲むことにした。
2. 私は、目を覚ました状態に自分をしておく。

2 についてはすでに考えましたから、1 の英訳を考えましょう。

▶ decide が重要な理由

レストランで注文するときや、コンビニでサンドイッチやおにぎりを買うとき、私たちは何を選ぶかを最後には決めなければなりません。こういった身近な「決断」から、より重大な事項の決断にいたるまで、日々の生活は決断の連続と言えます。

ですから、「～することにする」(=「～することを決める」) は頻出表現です。動詞 decide がこの表現のポイントになります。

decide を分解すると、de- と -cide に分かれます。一般に、de- は「下へ (= down)」を表します。「はさみ」を表す scissors と -cide の部分が似ています。

考えてみると、先のレストランでの注文や買い物の例もそうであるように、「何かに決める」ことは「その何か以外の可能性を切り捨てる」ことです。何かを決めるときに優柔不断になりがちなのは当然なのかもしれません。このことを考え合わせれば、decide という語も親しみやすくなるでしょう。「切断する」→「決断する」という意味の流れを考えると、「切断する」と形の近い「決断する」は見事な訳語です。

▶ decide の用法

to 不定詞の根底には「これから先」のことがあります。decide は Ving の形より to V の不定詞とのほうが相性がよいことはわかるでしょう。決断するのは過

去のことではなく、これから先のことです。

✶ decide to V「V することにする」

訳についてひとこと触れておきます。
　この形では to V が decide のあとに続く目的語になりますから、文字どおり「〜することを決める」と訳すのは間違いではありません。しかし、日々の生活の中での決断場面では「〜することにする」という言葉を自分の頭の中で発していることが多いはずです。だから decide to V が「〜することにする」という日本語にもあたると整理しておくと便利です。
　なお、「(考えた結果、複数ある選択肢から)〜に決める」という意味の、次に名詞が続く形も覚えておいてください。

✶ decide on〈名詞〉「〈名詞〉に決める」

たとえば、「(一生続ける)仕事を決めるのは大変です」は次のように表すことができます。

It is hard to *decide on* a career.

　この例も、選択肢として数ある仕事の中からひとつに決めるという状況を踏まえて覚えましょう。
　この問題では「コーヒーを飲む」の「飲む」が原形動詞で、I decided to drink となります。「コーヒーを飲む」は drink coffee、あるいは「コーヒー1杯」というように考えて drink a cup of coffee です。
　模範解答例は次のようになります。

> **I decided to drink a cup of coffee to keep myself awake.**

▶「決めた」の「た」と動詞の時制

答案の中に、時制を have decided と現在完了にしたものがありましたが、OK です。次のことはぜったいに覚えておいてください。

✗ 「…た」が必ず過去形になるのではない。

　大事なルールです。あとのほうで現在完了について学習しますが、それが終わった段階で、過去形と現在完了の違いがはっきりするはずです。
　いずれにしても、ここは状況があいまいですから、どちらかが間違いだとは言えません。現在完了を用いるという考え方も正しいものです。

〈添削コーナー〉

I decided that I drank （→ I should drink）a cup of coffee in order to awake myself（→ keep myself awake）.

---

　decided that SV の型で「～することに決めた」を表す場合は、これから先のことですから助動詞の should や would が必須です。ただし、本文でくわしく説明したように、この場合は decided to V の型を用いるようにしてください。
　ついでに、目的を表す「…するため」にあたる to V と in order to V の意味の違いも覚えておいてください。in order to V には「わざわざ V するために」という含意があります。これは英文解釈では大事な事項ですが、もちろん訳し分ける必要はありません。答案例は「私は目を覚ますために、（わざわざ）試しにコーヒーを飲んでみた」という意味になります。

> **問題 8** そのニュースは私を非常に悲しくしました。

解法ポイント

・使役動詞の使い方。

この問題は、問題4などで勉強した第5文型のV〈名詞〉〈形容詞〉の型を使って表現することができます。ただし、別のアプローチも可能で、それは**使役動詞**と呼ばれるものを用いる方法です。使役動詞も第5文型を作ります。

今回は使役動詞について学習しましょう。

STEP1 make〈名詞〉〈形容詞〉

▶ make を「する」と訳す場合

動詞 make に対する基本の訳は「作る」ではなく「する」です(→問題4)。

✗ make =「作る」 → make =「する」

このように頭を切り換えましょう。ただし、第5文型で make を「する」と訳せる場合は、次の条件が必要です。

第5文型の make を「する」と訳す条件
 make OC で C が名詞か形容詞の場合

これに従って、C に形容詞(=「(非常に)悲しい」)を入れると次のようになります。

「そのニュース」+ made me +「(非常に)悲しい」

このように組み立て、単語を入れていきます。

「そのニュース」= the news

「非常に悲しい」= very sad

news の発音が［ニューズ］と［ズ］になることにも注意してください。
「非常に」は形容詞「悲しい」を修飾する副詞なので、「副詞＋形容詞」の順番にします。very sad の語順です。

副詞（= very）+ 形容詞（= sad）

全体で、That news made me very sad. です。
正解答案のほぼ半分はこう表現していました。そして、残り半分は That news made me *feel* very sad. でした。あとの文の make の使い方が使役動詞と呼ばれるものです。

STEP2 make の使役動詞の使い方

▶使役動詞とは
使役動詞について、以下のように整理しておきます。

---
1. 使役動詞とは？ …「させる」と訳せる動詞。
2. 使役動詞の数は？ … 3 (make・have・let) ＋ 1 (get) ＝ 4 個
3. 使役動詞の型は？
   a. make / have / let〈名詞〉V
   b. get〈名詞〉to V

使役動詞の数を 3＋1 個と整理するねらいは、get は第 5 文型の基本どおり SVOC の C が動詞の場合は to が必要になることを確実に頭に入れてもらうためです。
問題 3 で次のような英文を作ったのを覚えていますか。

My father wants me *to* enjoy myself every day.

ここで enjoy の前に to を入れたことを思い出しましょう。

▶ make と let との違い

　make / let〈名詞〉〈原形動詞〉の型で用いる使役動詞 make と let との共通点は「させる」と訳せることです。では、その違いがどこかにあるかを考えます。次のふたつの意味の違いがわかりますか。

　　let me study
　　make me study

　共通点は、「私に勉強させる」と「させる」と訳せることです。違いは、let me study の場合は、私は勉強したがっている、つまり私に勉強する意志があることです。それに対して、make me study は私に勉強する意志はありません。let は「自由」で make は「強制」だと分類することもできます。
　問題に戻りましょう。「私は悲しい気分になりたい」と思っているわけではありません。言い換えると、私の意志とは関係なく、条件反射的に「悲しい気持ちになった」のですから、make を使います。
　次が模範解答例です（再掲）。

That news made me feel very sad.

STEP3 ▶ その他の重要事項

▶ feel の重要性の確認

　動詞 feel は次の2点で重要な動詞です（→「入門編」問題10）。

1. 「気分」や「気持ち」について述べた文では feel の使用を考えてみる。feel と日本語の「気」とは密接な関係がある。
2. feel〈形容詞〉の第2文型（＝SVC）の型を基本とするが、この場合のCは名詞ではなく形容詞が原則。

　この2点を忘れないようにしてください。

▶この英文の訳について

　最後に、この型の英文と日本語訳との関係について触れておきましょう。解答例を使って考えます。

　That news made me very sad.「そのニュースは私をとても悲しくした」

　「〜は私を非常に悲しくした」という日本語が正しいどうかの判断は、各自の感覚に委ねられるべきことです。正しいかどうかはあなたに判断してもらうしかありません。いずれにしても、「そのニュースを聞いて、私は非常に悲しくなった」と必ず訳さなければならない、ということはないのです。
　訳を考える場合の視点は次のふたつです。

1. 「そのニュースを聞いて、私は非常に悲しくなった」を英訳する場合は、「私」が主語にならなければなりません。I felt very sad *when I heard the news.* が標準になるべきです。
2. 翻訳として出版するといったように、英語とは切り離された日本語として提示する場合には、「日本語表現から生じる違和感をできるかぎり少なくする」などの配慮が必要になる場合もあります。ただし、英語を学習する段階においては、日本語として多少は不自然に感じても、意味が通っていればよいと考えてかまいません。

　2については自分なりの考えをしっかりとさせておいてください。今回は、make OC の C が名詞・形容詞の場合は「O を C に〜する」とまず処理するべきだと覚えましょう。
　なお、上の2に関連して、より切実な問題として、試験で英文和訳が必要な人が、日本人採点者に対してどのように解答を作ればよいのかということです。「答案」と「翻訳」の関係です。要は各自で判断しなければならないということです。
　最近はこういったところが下線部のポイントになる和訳は少ないようです。おそらく避けられているのだと思います。「その英文を読んで文の構造がわかり、意味が通っているかどうか」が英文和訳の試験で問われるべきことなのです。

〈添削コーナー〉

I felt very sad when I heard the news.

　完璧です。「私はそのニュースを聞いたとき、非常に悲しい気持ちになった」という意味です。人を主語にして考えるという姿勢がそのまま適用できる具体的な状況ですから、日本語と同じように、この表現のほうがむしろ自然でしょう。

> **問題 9**　あなたが大空を飛んでいるのを想像してごらん。

出題ポイント

・仮定法の考え方。
・知覚動詞の使い方。(導入)

　この問題を、上のふたつの学習テーマの導入として位置づけました。また、何事にも想像力(＝imagination)は大切なので、そういった意味でも一度は挑戦しておきたい問題です。

STEP1 仮定法の考え方

▶「遠い」時制と「近い」時制

　「遠い／近い」という枠組みは身近な人間関係をはじめ、物事を考えるのに便利です。

　これはとても大切なことなので「入門編」の最初に述べていますが、**英語の動詞の時制は現在形と過去形のふたつです**(→「入門編」問題1)。また、**過去形で過去の事実を表す場合には、基本的に過去の時を表す語句が必要です**(→「入門編」問題2)。どちらも、これから先の完了形と仮定法の学習において大きな役割を果たすルールです。

　ここで、時制について情報を追加して次のように整理したいと思います。

現在形と過去形の整理
　・現在形…「近いこと」→ 繰り返して日々起こること／現実
　・過去形…「遠いこと」→ 1. 過去の事実　2. 空想の世界

　下線部が今回学ぶポイントです。「空想の世界」は現実の世界とは違ったものなので、別の表現方法をとります。

▶空想は過去形

答案を見ると、次のようなものが多数ありました。

Imagine that you were flying in the sky.

先に確認した基本に従って、that 節内が you are ではなく、you were と過去形になることで、「空想」の世界であることを示しています。私の出題意図をくみとってもらえたのでしょう。これこそが仮定法を支える根本的な考え方なのです。

▶正解として暗記すべき文

この問題の正解文としたいのは、次の英文です。

Just imagine yourself flying in the sky.

この文を覚えるべき理由を述べましょう。

最初に述べたふたつの出題意図のひとつめの知覚動詞への導入。それがひとつの理由です。次の問題で知覚動詞の学習が終われば、この意図はもっとはっきりするでしょう。

さて、動詞 imagine に関してはまず次の型を覚えましょう。

1. **imagine** のあとに名詞・動名詞 (Ving)
2. **imagine** ＋名詞「が」＋ **Ving**

これが、imagine が「…がＶしているのを想像・空想する」を意味するときの型です。

ちなみに、英和辞典はまずこの型の記述から始めるべきだと、私はかねてから強く感じています。とくに 2 が重要です。imagine yourself flying は、この型を当てはめたものです。

なお、発音は [イマジン] でアクセントは [マ] の上で、母音の [ア] は cat と同じで発音記号では [æ] の音です。

STEP2 関連して覚えるべきこと

▶ to 不定詞と動名詞の根本意味

動詞のあとに Ving が続くことに関係して、to 不定詞と動名詞について整理しておきます。

> **to 不定詞と動名詞の根底にあるもの**
> ・不定詞…未来（＝不定）
> ・動名詞…過去・体験・行為（＝既定）

これが、to 不定詞と動名詞の根底にある意味です。

「空想」と聞くと、「未来だから不定詞ではないか」と思う人もいるかもしれません。しかし、考えてみてください。どんな人でもまったく経験していないことを想像することはできないはずです。私たちは自分の経験に基づいてしか空想できないので、空想も過去の経験の延長だと言えます。

なお、この Ving を動名詞と分詞のうちのどちらで解釈するかは本質的な問題ではなく、to V の不定詞ではない点がポイントです。

この文を見て、ジョン・レノンの『イマジン』の歌詞 *Imagine* all the people *living*...（すべての人が…暮らしているのを想像してごらん）を元に考えたのではないかと思われる答案が 2、3 ありました。ここも Ving に注目してください。

私も出題の際に、『イマジン ジョン・レノン』というドキュメンタリー映画に言及しようと思っていました。原題は *Imagine* です。当時、映画館でこれを見ましたが、このタイトルの英語を『イマジン＋ジョン・レノン＋(Ving)』と勝手に解釈し、"イマジン＋ジョン・レノン＋Ving"→「ジョン・レノンが、V しているのを想像してください → 想像しつつ映画館へ来てください」という流れで映画館へ足を運んだ記憶があります。

なお、この問題で（×）imagine *you* ... ではなく、imagine *yourself* ... であることは問題 7 で考えた me と myself との違いと同じです。

▶ just のとらえ方

ここで副詞 just ついて考えます。just の根底には次の意味があります。

✖ just =「ズレ」

　たとえば、「ちょうど6時に」と言うときは、「ちょうど」に exactly を使って at exactly 6:00 とします（→「入門編」問題3）。just を用いても間違いだとは言えませんが、exactly のほうがはるかにいいでしょう。それは just に「ズレ」があるからです。

　私が驚いたのは、Just imagine ... で始めた答案がかなりの数あったことです。日頃こういった英文に接して自然に頭の中にこのつながりが入っていたのでしょう。英語ライティングの理想的な学習法です。この Just＋命令文、は出題文の「…ごらん」の感じにぴったりです。

　この先の仮定法の学習の準備も兼ねて、次のように関連づけておきましょう。

✖ just は imagine と相性がいい＝空想は現実との「ズレ」

▶「夜空」「青空」「大空」

　「(夜)空を飛ぶ」の「〜を」は前置詞 in にあたります。この in を落とした答案がかなりありました。要注意です。ですから、次のように表現できます。

　　fly *in* the (night) sky

　「夜空」は the *night* sky、「青空」は the *blue* sky で日本語と同じですが、「大空」は the *big* sky ではありません。言葉の結びつきはおもしろいものですね。

　「大空を飛ぶ」は、日本語の本来の意味を考えて、次のようにするといいでしょう。

　　fly in the sky *freely*（自由に空を飛ぶ）

　「大空を飛ぶ」は「大きな空を飛ぶ」ことではなく、「空のような無限に大きなところを心ゆくまで飛ぶ」といったことでしょう。「おおぞら」は古くからある日本語ですが、この言葉の本来の意味に照らしても、「空を自由に飛ぶ」と考えることができます。

　模範解答例の完成版として、freely を入れたものを追加しておきます。

Just imagine yourself flying in the sky freely.

〈添削コーナー〉

Imagine if (→ that) **you flew to** (→ in) **the sky.**

if SV に関して覚える文法は次のことです。

・**if SV** が動詞の目的語・補語 →「〜かどうかということ」(名詞節)
・それ以外の場合 →「もし…なら」「たとえ…でも」(副詞節)

　添削例のままだと、if SV は imagine（＝動詞）の目的語なので「空を飛んだかどうかを想像する」といった意味になってしまいます。
　また、to the sky では「空まで」の意味になってしまいます。「空を飛ぶ」は「空という場で移動する・旋回する」といった意味です。to を使うと from what?（どこから？）の意識が働きます。もし「地面から空へ向かって」といった状況なら to the sky と使える局面もあるでしょうが、この場合はだめです。

> **問題10** 中年の男性ふたりが昨夜の野球の試合のことを話題にしてい（るのを耳にし）ました。

解法ポイント

・知覚動詞の使い方。

　問題9で考えた imagine yourself flying（あなたが飛んでいるのを想像する）という表現を踏まえて、知覚動詞について学習します。

STEP1 知覚動詞の使い方

▶ imagine OC から知覚動詞へ

　空を飛んでいるところを想像すれば、自分が空を飛んでいる姿が頭の中で見えているはずです。「鳥が飛んでいるのが見える」は imagine yourself flying と同じ型で、imagine を see にして、see a bird flying と表現できます。

　※ *imagine* yourself flying → *see* a bird flying

　動詞の対応関係に注目しましょう。
　see a bird flying が**知覚動詞**の代表的な型です。「知覚」とは5感（視覚・聴覚・嗅覚・味覚・触覚）によって外界の情報を自分の中に取り入れることです。その状況で用いる動詞を知覚動詞と言います。
　imagine yourself flying に戻って考えてみましょう。「5感」の中に「想像力」は含まれていませんが、考えてみれば、想像力はすべての認識の基礎になっています。

▶知覚動詞の3つの型

　知覚動詞の型は、代表的な see a bird flying という型のほかにふたつあります。全部で3つの型です。覚え方のポイントは<u>2＋1の3つの型</u>と覚えることです。問題8で使役動詞を3＋1の4個と覚えたのに似た暗記法です。
　知覚動詞の3つの型について見ていきましょう。そこで、2＋1と覚える理由

も説明しましょう。

✂ 知覚動詞＋目的語＋{Ving / V / P.P}

これが全体の型です。Cの部分に来る3つの型だけを取り出してみます。

1. Ving
2. V（＝原形動詞）
3. P.P.（＝過去分詞）

2＋1の3つの型と覚えるのは、過去分詞の場合だけ根本的に状況が異なるからです。順番に検討します。

1の Ving は imagine を含めて考えましたから、もういいですね。

2は使役動詞と同じ型です。「彼が歌うのを耳にする」を英語にすると、次のようになります。

(○) hear him *sing*
(×) hear him *to sing*

そもそも、知覚作用は「外界のことを自分の内側へ」取り入れることです。一方、to 不定詞は →（矢印）の意味を持ちます。ですから、to 不定詞を用いると、認識の方向の流れに逆行する形になるから間違いになるのだと考えておきましょう。

▶ 3つの型の区別

答案を見ると、I heard O *talking* とした人が多数でした。少数ながら I heard O *talk* とした答案もありました。2＋1の3つの型と覚えるのは、最初のふたつの型が表す状況が基本的には同じだからです。

ではどうやってふたつの型を区別するのでしょうか。これには、imagine yourself flying を先に覚えたことが活きてきます。imagine yourself flying の場合、まさに「自分がいま飛んでいる」姿が浮かびます。この問題の場合も、まさに「話をしている音（声）」が耳に入ってくるのですから、I heard O talking の Ving 型を選びます。

これは進行形の理解と深く関係しています (→「入門編」問題4、5)。この場合、「O が話題にしているのを (たまたま) 聞いた」のように進行形的にとらえているので、I heard O *talking* という Ving 型になります。

I heard O *talk* は完了的にとらえている場合にふさわしい型です。「O が話題にしたのを (最初から最後までずっと) 聞いた」といった状況なら、I heard O talk でしょう。問題文の場合はこの型には合いません。

▶3つめの型で覚えるべき例文
3 の型については、次の日本語と英文をまず覚えましょう。

I heard my name *called*. 「自分の名前が呼ばれるのが聞こえた」

語尾の -ed に注目して、called が P.P. であることを確認してください。「私の名前」+「が」+「呼ぶ」のではなく、「私の名前」+「は」+「呼ばれる」のですから called です。

(×) I heard my name *calling*.

このような英文は、普通は考えられません。

▶「聞く」は「音 (声)」か「話」かで分ける
予想されたことなのですが、I heard that SV を用いた答案がかなりありました。よくある間違いです。この間違いを避けるために、次のふたつにケース分けをして処理するようにしてください。

---
1. 「耳にする」「聞く」対象が音や声の場合
   → 知覚動詞の型
2. 「耳にする」「聞く」対象が「話」の場合
   → **hear that SV** または **hear about [of]**〈名詞〉

I heard *that* he is from Kyushu.
「彼が九州出身だという話を私は聞いた」

I've heard *of* him.
「(お会いしたことはありませんが) 彼に関する話は聞いたことがあります」

普通は「〜ということを聞いた」と考えるところですが、迷った場合は、「音」「声」、「話」という言葉を補って考えてください。

STEP2 やっかいな日本文の処理法

▶「話題 (にする)」の表現法

「話題」を英訳すると、多くの人が最初に topic を思い浮かべるでしょう。間違いではないのですが、a topic of 〜 は「〜の主題」の意味です。〜の位置に conversation (会話) を入れ、a topic of conversation とすれば、日本語の「話題」に近くなります。

次の例文を見てください。

The next presidential election was the main *topic of conversation* last night.
「次の大統領選挙が昨夜の主な話題でした」

ついでに、a topic *for* discussion を「議題」と覚えておきましょう。前置詞 for に注意してください。

topic の問題点は使用範囲が狭いことです。この問題でも、かりに「話題」を名詞で訳そうと考えても、「話題」+「(に) する」の「する」にあたる動詞を探さなければなりません。そこで、次のように整理しておくようにしましょう。

⚒ talk about〈名詞〉「〈名詞〉を話題にする・語る」

英語の動詞表現を日本語の名詞表現として覚える例です。名詞と動詞という品詞の垣根をはずして覚えてください。この問題でも、talk about 〜 を用いれば、次のように楽に表現できます。

I heard O talking about 〜

▶「〜の」の処理

「〜の」「〜で」「〜に」「〜という」は、日本語を英語にするときに誰もが迷うところです。このことを確認しておきたかったので、出題文では「昨夜の野球の試合」と、あえて「の」を2回用いました。

まず「野球の試合」で「〜の」が出てきますが、「野球の試合」は baseball game です。**「名詞＋名詞」**で「〜の」を表す型です。

次の「昨夜の試合」は、表し方がふたつあります。

（1）　last night's game
（2）　the game last night

the last night's game とした答案がかなりありました。**所有格と定冠詞・不定冠詞は同時に使えない**のですから、落ち着いて考えれば間違いだとわかったはずです。

次の例なら間違いだとすぐわかりますね。

（×）the my book
（×）a Tom's book

迷った場合やなんとなく違和感がある場合は、**自分が覚えている確実な具体例に照らして考える**姿勢が大切です。

また、「…の…の…」と「の」が続くことに耐えられなくなるからだと思いますが、「昨夜の試合」を「昨日行われた試合」と分解し the game *which* was held last night とする人が必ずいます。

この考え方自体は、SV に分けて考えるという英語表現の基本に則っているだけではなく、正しい英語で表現されているのですから、間違いだとは言えません。こういった表現ができるのはよく勉強している証拠です。

ただ、一歩つっこんで、次のことは知っておいてください。**新しい節を作るにはそれなりの理由が必要**だということです。この場合、the game which was … とwhich 以下の節を自ら作ったということは、その節の内容、つまり、「そのゲームが昨日行われたこと」に意味の重点が移ります。その点で問題文が表す状況と意味の重点が違っています。

模範解答例は次のとおりです。

I heard two middle-aged men talking about last night's baseball game.

〈添削コーナー〉

I heard <u>that</u>（→削除）two **middle-age**（→ middle-aged）men <u>made</u>（→ talking about）<u>the</u>（→削除）last night's baseball game <u>subject</u>（→削除）.

「話題にする」ですが、この答案はすでに学習した make A B（A を B にする）を使って「～を話題にする」を表現しようとしている姿勢は評価できます。ただ、subject に冠詞がないことが致命的です。本文で述べたように talk about を使えば楽に表現できるでしょう。その他の点は、すでにくわしく検討した事項です。

「中年の」は middle-aged です。語尾の -ed に要注意です。

✗ the Middle Ages（中世）＞ medieval（中世の）
✗ middle age（中年）＞ middle-aged（中年の）

それぞれをはっきりと区別して覚えましょう。

問題 10

> **問題 11** 家に戻る途中、飛行機が飛んでい（るのが目に入ってき）ました。

解法ポイント

・知覚動詞を用いるべき状況と判断。

問題10では知覚動詞の定義と3つの型を学びました。この問題では知覚動詞の用法を復習しつつ、もう一歩つっこんで、どういった場合に知覚動詞を使うべきなのかについて考えます。

STEP1 知覚動詞を用いるかどうかの判断

▶「鳥が飛んでいる（のが私の目に入る）」の英訳

問題の所在をはっきりさせるためにここでも日本語に（　）をつけました。「鳥が飛んでいる」のは A bird *is flying*. で、「鳥が飛んでいるのが私の目に入る」なら知覚動詞の型を用いて I *see* a bird *flying*. と訳し分けるのは正しく、知覚動詞の基礎が理解できている証拠でもあります。

ここで少し広い視野で考えてみましょう。ほとんどの現象は知覚することができます。

極端な例ですが、「私が泣いている」を英訳するとします。自分を客観視しているもうひとりの自分をあえて想定し、「私は自分が泣いているのが見える」とすれば知覚動詞の型で表現できますね。I see *myself* crying. となります。

となると、どういった場合に知覚動詞を用いるべきかが問題になります。いったん日本語表現とは切り離し、それについて考えるのがこの問題のねらいです。

▶「焦げ臭い」の英訳

英訳の小テストで「焦げ臭くないですか」を出題すると出来がよくありません。ところが、「あなたは何かが燃えている臭いがしないですか」と出題すると、知覚動詞の型で、

Do you *smell* something *burning*?

と表現できる人が増えます。問題 10 で知覚動詞を「5 感」と関連づけて定義しました。「焦げ臭い」は嗅覚による知覚状況ですから、

 smell 〈名詞〉Ving

で表現できる典型的なケースです。英訳できなかった人にこのことを伝えると、知覚動詞で英訳できなかったことを反省するのが常ですが、それは同時に、これこそ知覚動詞を用いる場面であると痛感したからでもあるでしょう。

▶たき火だ　たき火だ　おちばたき
　童謡『たき火』の中の歌詞の冒頭の「かきねの　かきねの　曲がり角…」に続く「たき火だ　たき火だ　おちばたき」の箇所を、あなたはどう英訳しますか。
　「焦げ臭い」と並んで、この場面は知覚動詞を用いる典型的な例だと私は思います。なぜかを説明しましょう。
　この歌の状況を改めて整理すると「(両側が垣根の道を歩いていたら、その道の角のところで) 誰かが落ち葉を燃やしている (= someone burning fallen leaves) のが目に入ってきた (= I saw)」という場面です。そうすると、知覚動詞を用いて、

 I *saw* someone *burning* fallen leaves.

とするのがベストでしょう。ちなみに、冒頭の部分は、On the corner of a path with fences on both sides とします。

▶知覚動詞を積極的に使ってみよう
　では問題に戻って、知覚動詞の使用に対する姿勢についてまとめます。
　実際には、この問題の状況は知覚動詞を使っても使わなくてもよいようにも思われますが、すでに述べたように、ほとんどの現象は知覚動詞でも表現できるということを踏まえ、かつ英語の学習段階での知覚動詞の習得のために、さらに言えば、試験では知覚動詞が理解できていることを示すために、学習段階ではやや使用過多になっても知覚動詞を用いるべきなのです。

STEP2 「家に戻る途中」の表現法

▶ SVか副詞句か

「家に戻る途中」を「私が家のほうに歩いている（=I was walking home）」と解釈して表現した答案がかなりありました。出題文が「帰宅途中」ではなく「(私が)家に戻る…」であることにも関係していると思われます。その上で、「～していると…」の英訳パターンである、

⚒ 過去進行形 ＋ when ＋ 過去形

を使って表現していました（→「入門編」問題6）。一度学習したことは使ってみるという学習姿勢が模範的であるだけでなく、困ったらSVの枠で考えて表現するという一番大切なことが自然に身についてきたという点で大きな進歩です。

ただし、「～への途中」は、

⚒ on my [the] way to〈場所〉

という定型表現があります。日本語でも「～への途中」はよく使う表現ですから、頻出表現には定型表現があるということでしょう。また、定型表現は便利なのですから、一度知ったら今後は使ってみるようにしましょう。

▶ onとinを間違えないふたつの方法

次のような間違が少数ながらありました。

（×）*in* my way home

この間違いを防ぐベストの方法は、この型を使った英語表現をひとつの単語のように繰り返し声に出して言ってみることです。

on my way to the station「駅への途中」
on my way to school[work]「登校［出勤］途中」
on my way here「ここへの途中」

ちなみに、**最善のリスニング対策は文字を音声化すること**です。そして、身近な音声はあなたの声なのです。

▶ on と in の意味からのアプローチ

今までに **on** や **in** は繰り返し学習してきました。「何かに接着して (それから力をもらって) いる」を基本意味とする前置詞や副詞の on には**動き**が感じられます。それに対して in は**枠**を基本意味とします。in the way や in my way は「じゃまな状態にある」の意味です。**way** の基本意味が**進路**であることと合わせて理解しておきましょう。

You's are standing *in the way*. Get *out of my way*.
「ちょっとじゃまなんだ。どいてくれよ」

STEP3 その他の重要事項

▶丸暗記しなければならない副詞

次の表現には間違いがあります。どこかわかりますか。

(×) on my way to home

to が不要です。この home は副詞です。この関係で覚えるべき副詞は次のとおりです。確実に覚えてください。

丸暗記しなければならない副詞
- **here**「こちらへ [で]」/ **there**「あちらへ [で]」
- **home**「家へ [で]」/ **abroad**「外国へ [で]」
- **overseas**「海外へ [で]」/ **upstairs**「階上へ [で]」
- **downstairs**「階下へ [で]」/ **downtown**「繁華街へ [で]」

〔例〕「外国へ行く」(×) **go to abroad** → (○) **go abroad**

模範答案例は次のようになります。

> On my way to the station, I saw a plane flying.

　なお、「飛行機が飛んでいる」だけだと実際的ではないと感じる人は、少し難易度は上がりますが、「飛行機が低く飛んでいる（＝低空飛行）」と状況を少し変えて表現のポイントを増やし、a plane flying *low* と最後に副詞 low（低く）を入れて覚えてください。
　このように、自分が覚えた基本文に少しずつポイントを足していく学習法の大切さも知ってください。

〈添削コーナー〉

On the way to（→削除）**home, I caught**（→ saw）**the**（→ a）**plane flying.**

---

　catch O Ving は「〜が V しているところを捕まえる」で、V が表す行為はよからぬ行為です。この表現を使ったのが、次の例です。

　One night, *two men* were *caught breaking* into a building; this was how the Watergate Scandal began.「ある晩、2 人の男がビルに侵入しようとするところを捕えられました。こうやってウォーターゲート事件は始まったのです」

　この例では catch O Ving が受動態になっています。
　なお、catch に関係して catch sight of 〜（〜をちらっと（偶然）見つける）を使った答案がかなりありましたが、あとに Ving を続けるのは適切ではありません。ちなみに、catch sight of 〜の反対の意味を表すのが *lose* sight of 〜（〜を見失う）です。
　このように catch を用いた人が多い原因は「目に入ってきた」という日本語にあります。知覚動詞のあとに to 不定詞ではなく原形不定詞が続くことに関連して問題 10 で述べたように、同じ「見る」という日本語になっても see は「〜が目に入ってくる」であるのに対して、look (at 〜) は「（〜に）目を遣る」、watch は「動いている対象を注意して見る」（「観る」「視る」→「監視する」）で、認識の方向が逆になっていることをしっかりおさえてください。

聴覚の場合はhearが「耳に入ってくる」であるのに対して、listen (to ~) は「(~に) 耳を傾ける」の関係です。これは基礎知識です。

なお、<u>冠詞は状況抜きには論じられない</u>から間違いだとは言えませんが、定冠詞 the を用いて the plane なら、「(あなたも知っている) 例の飛行機」という意味で、不定冠詞 a と異なり「飛行機の姿を自由に思い浮かべる」こともなく、「どんな飛行機ですか」という疑問も生じないということです。

> **問題12** 乗り過ごしてしまったので、2駅戻ってきました。

解法ポイント

・have to の使い方。

　次の問題から現在完了の学習を本格的に始めます。その状況設定も兼ねて、この問題では have to V と had to V について学びます。
　「〜しなくてはならない」と訳せる点で must と have to は共通しています。しかしこの両者にははっきりと違いがあり、かつそれは非常に重要な違いなのです。
　must についてはここでは解説しませんが、「have to = must」と覚えてきた人は、have to についてはしっかりした考え方を持つようにして、must と have to の違いが明確に説明できるようになってください。

STEP1 ▶ have to と had to

▶ have to V の考え方

表現行為の視点という点で、表現は次のふたつに分かれます。

1. 状況の描写＝客観的視点
2. 自分の気持ちからの描写＝主観的視点

have to は助動詞扱いされますが、他の助動詞と比べると 1 の客観的視点が強い表現です。整理すると、次のようになります。

✵ **have to V**「(ある状況によって、仕方なく) 〜せざるをえない」

ですから、have to V の過去形の had to V は次のようになります。

✵ **had to V**「(ある状況によって) V せざるをえなかった」→「実際に V した」

これが助動詞 must との最大の違いです。
　「今朝は寝過ごしたので、朝食を抜いた（＝抜かざるをえなかった）」を英語で表現するとします。「朝寝坊をした」という状況から考えます。had to V を用いて表すと次のようになります。

　I overslept this morning, and I *had to* go without breakfast.

　ただし、have to は客観的状況だけではなく、話者の判断・気持ちも含まれることがあります。この英文であれば、「朝食を抜いた」という単なる客観的な事実を述べただけではなく、「S はそうしたくなかった（が、そうせざるをえなかった）」という話者の判断が入っています。

▶「～しなくてはならなかった」の有無
　問題に戻ります。問題文は「乗り過ごした」と「戻ってきた」というふたつの状況がありますが、それを次のようにとらえてみましょう。

　✗「乗り過ごした」（＝状況）→「仕方なく、戻ってきた」

　この考え方に従って、「戻ってきた」のほうに I had to V を用います。
　少数ながら had to V を用いた答案があり、見事だと思いました。「～なくてはならなかった」がないのですから、もちろんここに had to V を用いなかったからといって間違いではありません。とはいえ、出題のときにあえて「2 駅戻ってこなくてはなりませんでした」としなかったので、had to V を使える人が多く出ることは予想外でした。
　ここは「2 駅戻ってきました」と過去の事実として述べていますが、戻ることはこの文の主語と考えられる「私」にとってはよけいなことで、いやいやながらもやらざるをえなかったことだとわかります。そこが読みとれれば、had to を用いなければいけない理由もわかるはずです。
　まとめると、出題文の日本語を選んだねらいは次のふたつです。

1. had to V の本質を明らかにする。
2. 日本語だけでなく、状況から考えることの重要性を伝えたい。

ここで had to V が使えなかった人も、今後は have to V や had to V が使える状況かどうか判断するようにしてください。

STEP2 「乗り過ごす」の表現法

▶「〜を乗り過ごす」と past〈名詞〉

SV の数は2つあります。

1. 私は乗り過ごした。
2. 私は戻ってきた。

では、「乗り過ごす」「乗り越す」の表現を考えましょう。
「〜を乗り越す」は、「〜を過ぎて（＝past〜）」＋「乗っている（＝ride）」と考えて、次のようにします。

✗ **ride ＋ past〈名詞〉**

「私の降りる駅」と考え、所有格を使って、my station とし、ride past my station です。**past が前置詞として使える**ことをしっかりとおさえましょう。

✗ **past〈名詞〉「〈名詞〉を過ぎて」**

ride past 〜 で「〜を越えて乗っている」→「〜を乗り過ごす」です。look *past the fact* なら「その事実を見落とす」という意味になります。「乗る」については、次のように整理できます（→問題4）。

✗ **「利用する」→ take**
✗ **「乗りこむ」→ get on**

たとえば、「列車で博多まで行く」なら *take* a train to Hakata ですし、「博多駅（のプラットホーム）で電車に乗る」なら *get on* a train at Hakata です（→問題4）。
それに加えて、ride については次のように考えてください。

🛠 ride「〜に乗っている」

「乗る」という動作ではなく、「乗っている」という状態を表します。

rideはもともと「〜に跨（またが）っている」の意味です。大昔、交通手段の中心的な役割を果たしたのは馬でした。時代が移り変わって、rideの対象が馬から電車に移ったのだと考えるといいでしょう。

「乗り越す」という日本語が、この意味で広く用いられるようになったのは20世紀に入ってからです。江戸時代に電車やバスはありませんでしたから、当然でしょう。「乗り越す」という表現は、時間や予定に追われる現代人の心理を象徴しているとも言えます。

電車の中で、乗客が居眠りしている光景をよく見かけます。なぜか自分の降りる駅（＝my station / my stop）でほとんどの人が目を覚まして降りますが、中には「しまった！」という顔で降りそこねてしまう人もいます（→問題20）。これも、現代社会のワンシーンです。

▶「戻る」とturn

答案を見ると、「乗り過ごした」より「2駅戻ってくる」のほうが難しかったようです。turnを用いた答案がありましたが、turnは避けてください。

動詞のturnは次のように定義できます。

🛠 turn「向き・場を変えること」＝距離は表現できない。

水泳の「ターン」を思い出してください。水泳のターンは向きを変えることだけを指すのであって、「3メートルぶんターンする」などとは言わないはずです。

ここはcomeを使います。comeの定義を見ておきましょう。

🛠 come「中心へ移動していく」＝中心（＝クライマックス）に向かう。

たとえば、誰かに呼ばれて「（今）行きます」という場合は、「呼んでいる相手」を表現の「中心」に据え、「行く」にはcomeを用いてI'm coming.と言います。

ここでは「自分が降りるべき駅」が目指すべき中心です。

STEP3 「2駅戻る」の表現法

▶形容詞と数字の関係

「2駅戻る」の出来があまりよくなかったのは、「2駅」をどう表現するかが思いつかなかったことにあるようです。

まず、「2」が数字であることに注目します。そして、次の語順を見てください。

✘ 数字＋形容詞（副詞）

たとえば、「私の身長は170センチだ」を表現する場合、I am tall. をまず考えておいて、形容詞 tall の前に170 cm を置きます。

I am *170 cm* tall.

「数字＋形容詞」の関係をしっかりと頭に入れましょう。同じように考えて、「この電車は10分遅れている」なら This train is late.（この列車は遅れている）という文を土台にして考えます。この形容詞 late の前に数字の「10分」を入ればいいわけです。

This train is *ten minutes* late.

同様に、「この時計は10分遅れている」なら、次のようになります。

This clock is *ten minutes* slow.

ちなみに、「時計が遅れている」の場合は「遅刻している」のではありませんから、late ではなく slow を用いることに注意しましょう。

This clock is two minutes *slow*.「この時計は2分遅れている」
This clock is two minutes *fast*.「この時計は2分進んでいる」

これを利用すると、「2駅戻る」は次のようになります。

come *2 stops* back

この表現法にはぜひ慣れておいてください。

▶ back は要注意意語

back は名詞・動詞・形容詞・副詞と、すべての品詞で用いることができます。基本単語であり、なおかつ最重要単語です。

> my *back*「私の背中」(名詞)
> *back* up「〜を支援する」(動詞)
> the *back* seat「後ろの座席」(形容詞)
> get *back*「戻る」(副詞)

模範解答例は次のようになります。

I rode past my station, and I had to come two stops back.

▶ 2 つの文の順序と because

この模範解答を覚えるときには、ふたつの文の順序を日本語と逆にし、その上で **because** を用いて因果関係をはっきりさせたほうがよいでしょう。

I had to come two stops back because I rode past my station.

なぜこの順序のほうがよいのでしょうか。

この英文を聞く場合を考えると、まず I had to が耳に入ってきます。「(何らかの事情で) 戻ってこざるをえなかった」ということです。最初に had to の部分が意識に入るので、聞き手の側に「どんな事情があったのだろうか？」という疑問がわいてくるはずです。

最初に述べたことを踏まえて言えば、受け手も客観的表現の視点に立つということです。その段階で because が登場します。

because という語は次のように定義できます。

✵ **because** ＝相手に生じた「なぜ?」という疑問に答える

つまり、次のような流れです。

✵ **「V せざるをえなかった」→「なぜ?」→ because …**

このほうが流れとしては自然ですね。

▶肯定 / 否定の枠を使った考え方

「乗り過ごす」に悩んだすえに和英辞典を参考にした人もいたようです。それは正しい学習姿勢です。

試験という場では、自分の手持ちの英語表現でなんとかできないかと考えるわけですが、その際には**「肯定⇔否定」**という枠組みで考えると有益なことがよくあります。

この問題では、次のようになります。

「乗り過ごす」⇔「自分の駅で降りる」
「乗り過ごす」＝「自分の駅で降りる」＋「ことができなかった」

ただし、I didn't get off at my station.（私は自分の駅で降りなかった）では、自らの意志で降りなかったということになります。そこで、たとえば「間違って（＝ mistakenly）」といったような副詞的な表現を足しておけばなんとか意味を伝えることはできます。

また、I passed the station.（私はその駅を通り過ぎた）とした答案がありました。なんとか意味を伝えようとしている姿勢はよいのですが、これも同じことで、pass the test（試験に合格する ← 試験をうまく通り抜ける）という表現を考えてもわかるように、自分の意志でということですから、副詞的表現を足す作業が必要なことは同じです。

「肯定⇔否定」という枠組みで考えるということを実践すれば、fail to V（努力したがうまくVできない）や don't succeed in Ving（Vするのに成功しない）を使うことも可能でしょう。実際、I *failed to* get off the train と表現した答案がありました。

ただし、これは「自分の駅で降りるという努力目標を達成できなかった」という、

かなり大げさな表現になってしまいます。ただ、「肯定⇔否定」の枠組みで考えることが実践されている点で優れています。

〈添削コーナー〉

I forgot to get off at the station, so I turned (→ came / had to come) by (→ 削除) 2 stations back.

---

forget to V で「V するのを忘れる」の意味です。上で考えた fail to V よりずっと自然な表現です。by〈数字〉(〈数字〉の差で) を使った人はほかにもいましたが、by は不要です。

たとえば、「私は 1 週間で 2 kg 太った [やせた]」は次のように言います。

I've gained[lost] 2 kg in a week.

これを次のように言う誤りにも共通するものがあります。

(×) I've gained weight *by* 2 kg.

間違った人は、今後は気をつけてください。

> **問題 13** 駅を乗り過ごしたのはこれで3回めです。

解法ポイント

・完了形の考え方。

　いよいよ**完了形**の学習に入ります。完了形は歴史的に物事を見るときに用いますが、「**歴史的に物事を見る**」とはどういうことでしょうか。完了形の学習の出発点にあたって、完了形の根本にあるこの働きを具体的に考えることから始めましょう。

STEP1 「○回め」の表現法

▶「…は○回め」と完了形

　かつて経験したことと同じことをしたとき「これで… 2 回めだ」と言ったり、経験したことがないことをしたときに「…したのはこれが初めてだ」といったように言うことがあります。たとえば、一度ハワイに行ったことがあって、もう一度ハワイに来たら「これでハワイに来たのは 2 回めです」と言うでしょう。

　「これで○回めです」には決まった表現法があります。

　　✹ **This is the 〈序数〉 time (that) I have (ever) P.P.**

　なお、that と ever は省略可です。

　この例で自分が今ハワイにいる状況を想定すると、「ここに来たのはこれが初めてです」は、この型に当てはめると次のように表現できます。

This is the first time I *have been* here.

　ポイントは I have been here の箇所に have been の**現在完了**が用いられる点です。なぜ現在完了を用いなければならないのでしょうか。

▶現在完了は歴史的にものを眺めるときに用いる

「これで○回めだ」や「これが初めてだ」といったことを表現する場合、過去のことを振り返って述べます。今の状況に照らし合わせての発言です。このことを「歴史的にものを見ている」という言い方をすることにします。

✻ 過去のこと＋現在の状況

現在と過去の2枚の写真を重ね合わせるかのように、今の状況を過去に照らし合わせる表現です。「これで○回めだなあ」の「…なあ」の部分にあたると言えます。

大事なところなので別の例も見てみましょう。

スポーツの記録が出たことを報じるケースを考えます。「この記録は、これで3人めです」と発言するアナウンサーや記事を書く記者は、必ず「歴史的な事実（＝データー）」を調べた上でその言葉を発するでしょう。このデータや史料は、動詞の過去形と過去を表す語句で表現されるべき事項です。

このように、完了形は現在のことを過去のことに照らし合わせて述べるという性質があります。

模範解答例は次のようになります。

This is the third time that I have ridden past my station.

STEP2 ▶ 完了形を使わない表現法

▶過去形と間違う理由

答案には This is the third time と書き出しながら、後ろを I rode past my station. と動詞の過去形 rode を使った間違いがありました。同じように「ここに来たのはこれが3回めです」に次のような間違いが多く出ます。

(×) This is the third time I *came* here.

なぜこのように考えたのでしょうか。

その理由は、日本語の「乗り過ごした」「ここに来た」の「…した」「…た」に

問題 13

引きずられるからです。

✖ 「…した」「…た」が必ず過去形になるのではない。

これは、現在完了の学習の出発点です。

▶「～の訪問は○回め」の表現法

　今回の問題は「乗り過ごす」の表現を復習したかったのであえてこの状況にしましたが、実際には「乗り過ごしたのは何回め」と振り返って考えることなどあまりないと思います。最初に挙げたハワイの例のように、「これで、福岡は3回めだなあ」「ディズニーランドは5回めだなあ」といった状況で使うことが多いでしょう。旅をして場所を移動することで、旅 → 日常からの離脱 → 過去を振り返ると思考が進むからでしょう。場所移動と時間移動が連動するかのようです。
　ところで、この場合には次のような定型表現もあります。

「～を訪問したのはこれで○回めだ」
　This is my 〈序数〉 visit to 〈場所〉.

最初に挙げた「ハワイはこれが初めてです」は、次のようになります。

This is my first visit to Hawaii.

「2回め」なら first の部分を second に、「3回め」は third にします。これはよく使われる表現なので、ぜひ覚えてください。もちろん、ここで学習した完了形を使った型も、完了形の本質の理解のために忘れないでください。

〈添削コーナー〉

It's (→ This is) the third time for me to ride (→ I have ridden) past my station.

このように表現した答案がかなりありました。

▶現在完了は歴史的にものを眺めるときに用いる

「これで○回めだ」や「これが初めてだ」といったことを表現する場合、過去のことを振り返って述べます。今の状況に照らし合わせての発言です。このことを「歴史的にものを見ている」という言い方をすることにします。

✕ 過去のこと＋現在の状況

現在と過去の2枚の写真を重ね合わせるかのように、今の状況を過去に照らし合わせる表現です。「これで○回めだなあ」の「…なあ」の部分にあたると言えます。

大事なところなので別の例も見てみましょう。

スポーツの記録が出たことを報じるケースを考えます。「この記録は、これで3人めです」と発言するアナウンサーや記事を書く記者は、必ず「歴史的な事実（＝データー）」を調べた上でその言葉を発するでしょう。このデーターや史料は、動詞の過去形と過去を表す語句で表現されるべき事項です。

このように、完了形は現在のことを過去のことに照らし合わせて述べるという性質があります。

模範解答例は次のようになります。

> **This is the third time that I have ridden past my station.**

STEP2 完了形を使わない表現法

▶過去形と間違う理由

答案には This is the third time と書き出しながら、後ろを I rode past my station と動詞の過去形 rode を使った間違いがありました。同じように「ここに来たのはこれが3回めです」に次のような間違いが多く出ます。

（×）This is the third time I *came* here.

なぜこのように考えたのでしょうか。

その理由は、日本語の「乗り過ごした」「ここに来た」の「…した」「…た」に

引きずられるからです。

✻ 「…した」「…た」が必ず過去形になるのではない。

これは、現在完了の学習の出発点です。

▶「〜の訪問は○回め」の表現法

　今回の問題は「乗り過ごす」の表現を復習したかったのであえてこの状況にしましたが、実際には「乗り過ごしたのは何回め」と振り返って考えることなどあまりないと思います。最初に挙げたハワイの例のように、「これで、福岡は3回めだなあ」「ディズニーランドは5回めだなあ」といった状況で使うことが多いでしょう。旅をして場所を移動することで、旅 → 日常からの離脱 → 過去を振り返ると思考が進むからでしょう。場所移動と時間移動が連動するかのようです。
　ところで、この場合には次のような定型表現もあります。

「〜を訪問したのはこれで○回めだ」
　This is my 〈序数〉 visit to 〈場所〉.

最初に挙げた「ハワイはこれが初めてです」は、次のようになります。

　This is my first visit to Hawaii.

「2回め」なら first の部分を second に、「3回め」は third にします。これはよく使われる表現なので、ぜひ覚えてください。もちろん、ここで学習した完了形を使った型も、完了形の本質の理解のために忘れないでください。

〈添削コーナー〉

It's (→ **This is**) **the third time** <u>**for me to ride**</u> (→ **I have ridden**) **past my station.**

このように表現した答案がかなりありました。

この文頭の It は仮主語で、それを受けるのは to ride「乗り過ごすこと」という不定詞です。

　✂　**不定詞 (＝to＋原形動詞) は → (矢印) の方向で未来を意味する。**

　この不定詞の根本と、今まさに考えている現在完了（＝ have＋P.P.）の基本である「過去・歴史」という考え方とは相反すると考えるべきでしょう。This is the third time で始めて、後ろに不定詞を続ける答案もありましたが、基本的には同じことです。

| 問題 14 | 私は中学生のときにその映画館に3回行ったことがあります。 |

解法ポイント

・過去と現在完了の違いを見極める。

過去形と**現在完了**との用法の違いをはっきりさせて、次の問題で取り上げる過去完了の学習の準備を行います。

STEP1　完了を使えないケース

▶過去完了ではない理由

この問題のポイントは「行ったことがあります」をどう読みとるかです。答案を見ると時制について2種類の間違いがありました。

I *have been* to ...（少数）
I *had been* to ...（多数）

なぜ間違いなのかを、現在完了のほうから考えましょう。
常識的に考えても、「私が中学生だったとき」が過去のことであるのに対して、現在完了は have や has が現在形であることからもわかるように、現在に重点を置いた表現だから変ですね。
次のルールを覚えてください。

✗　同一文で過去時制と現在時制は両立できない。

この状況で現在完了が使えないことは納得しやすいでしょう。
次に過去完了のほうですが、現在完了は使えないことを理解した上で過去完了を使った人が多かったのだと思います。言い換えると、この間違いは英語ができる人に多いのです。実際、「過去形ではないかと思いつつも、迷ったすえ、過去完了形にしました」といったコメントもありました。

過去完了を用いた人には「現在完了には経験の意味があるはずで、中学時代は過去のことだから、過去の経験が表せる過去完了でいこう」と考えたのでしょう。「過去の経験」という言い方は、わかったようでわからないところがあります。「未来の経験」はないのですから、経験はすべて「過去の経験」のはずです。ですから、このような考え方にとらわれてしまうのも無理もないのかもしれません。
　「経験」は過去形でも表現できます。このことを確認するのに、次の出発点に戻ることにします。

> 過去形を用いる際のルール：動詞の過去形で過去の事実を表現する場合には、過去を示す表現を添える。

　これは、言い換えれば、**過去を示す表現があれば動詞は過去形にする**ということです。
　「２年前に、私はイギリスへ行ったことがあります」を英訳するケースを考えます。過去を示す語句「２年前（に）（= two years ago）」がありますから、「行く」には過去形を用います。

I *went* to the U.K. *two years ago*.

ところが、実際にやってもらうと、次のような間違いが続出します。

(×) I *have been* to the U.K. *two years ago*.

次に、その原因について考えます。

▶完了形の意味の分類と副詞

　上の間違いは、「ことがある」が経験を表し、現在完了に経験の意味があるというところから生じます。「経験だから現在完了」と短絡的に結びつけてしまうからです。
　次の表現法に慣れている人は多いでしょう。

Have you ever P.P.?「あなたは〜したことがありますか」

「あなたは、自由の女神像を見たことがありますか」は次のようになります。

Have you ever seen the Statue of Liberty?

ever という副詞があることに注目してください。
現在完了の意味について、次のような分類の仕方があります。

I have *already* finished my homework.
「私は、すでに宿題を終えました」（完了）
It has been raining on and off *since* last night.
「昨夜から雨が降ったりやんだりしています」（継続）
Have you *ever* been to L.A.?
「ロスに行ったことはありますか」（経験）

　この分類は already（完了）、since（継続）、ever（経験）などの副詞（句）によって分類できます。副詞がないものについてはどれを意味するかを自分で判断しなければなりません。
　大事なのは意味の分類ではなく、現在完了が根本的に何を表すかということです。それが問題 13 で見た **(振り返って) 歴史的に考える**ということです。

STEP2 「過去を示す語句」の考え方
▶「2 年前」と「私が中学生のとき」
　「2 年前」が過去を示すことはわかりやすいのですが、「私が中学生のとき」のような節になると意外と見落とされがちです。
　そういったことを防ぐために、動詞を過去形にしなければいけないかどうかの基準を持っておくといいでしょう。次のように覚えてください

✖ 過去形で表現したことに対しては「いつ（=When?）」という質問に答えられなければならない。

　随所で指摘してきたことですが、これが過去形を用いるときの判断基準です。

問題文においては「中学生のとき」と答えられるので、過去形を用いる条件をクリアします。

▶「私が中学生のとき」と「中学時代」

「私は中学生である」は、主語（＝「私」）の定義を示します。典型的なSVC（＝第2文型）の文です。

ほとんどの答案で第2文型が用いられていましたが、冠詞でつまずいた人がいました。

（×）I am *the* junior high school student.

定冠詞theではなく不定冠詞aを用います。不定冠詞については、次のルールを確認してください（→問題2、「入門編」問題6）。

✗ 不定冠詞aは名詞の姿をイメージさせる。

この問題文では、「中学生だったころの私」の姿が目に浮かびます。定冠詞theにこの働きがないので、使用することができないのです。

なお、無冠詞の答案も相変わらずありました。重大な間違いです。自分は冠詞を無視する傾向があると思う人は、まず自分にそういったくせがあることを知ってください。その上で、冠詞が英語で一番大事な単語だと了解しましょう。今後は注意してください。

また、in my junior high school days（私の中学時代において）という答案もありました。これでもかまいませんが、ノスタルジックな感じが強くする表現だということは覚えておいてください。

この表現を用いる場合は、daysの複数のsを忘れないよう注意です。文字どおり「日々」ということです。ノスタルジックな感じは、この「日」が重なる「日々」から生まれます。

ただし、先に述べた不定冠詞aの働きと、when SV「SがVする時（代）」の場面・舞台を設定する働きによって、「私の中学時代」がwhen I was a junior high school studentに対応します。

模範解答例は次のようになります。

> **I went to the movie theater three times when I was a junior high school student.**

▶ When I was young, I would ...

　答案の中には、次のように過去の習慣を表す would を用いたものがいくつかありました。

When I was …., I *would* go…

　Yesterday Once More という有名な曲があります。カーペンターズというアメリカの音楽デュオの曲ですが、その冒頭でこの形が使われています。知っている人も多いかと思います。

When I was young, I'*d*（= would）listen ...

　「若いころは（ラジオを）聞いたものだった」という意味です。would を使った人はこの形を連想したのではないでしょうか。
　たとえば、「私は若いときにその映画館によく足を運んだものだった」なら、次のような文になります。

When I was young, I *would* often go to the cinema.

　この would は「昔はこんなことをしたなあ」と回想する場合の表現です。「3回」という具体的で客観的な語句は似つかわしくありません。would がノスタルジックなイメージなのに、「3回」と入るとやけに客観的になってしまうので、would は使わないほうがいいでしょう。

〈添削コーナー〉

When I was (＋ a) junior high school student, I had watched the movie (→ went to the movie theater) three times.

「映画館」は movie theater か cinema です（→「入門編」問題 15）。1 語で表す場合と 2 語で表す場合があると覚えておいてください。

　なお、「映画を見る」の「見る」を watch と覚えている人もいるでしょうが、この場合には see です。「実際に映画のスクリーンを見る」と表現する場合に watch を用います。watch は「動いているものを注意して見る」ということです。

Have you ever seen *E.T.*?「ET を見たことがありますか」

> **問題 15** 今から3か月前、母と故郷を訪ね、街がすっかり変わっているのに驚きました。

解法ポイント
- 過去完了の使い方。
- 「びっくりのhow」の使い方。

この問題で**過去完了**を学習します。過去完了を間違って用いた答案に共通する点などはすでに何度か指摘しました。また、英語ができる学習者には、過去完了に関する勘違いが一番多いことにも触れました。過去完了について、この問題で正面からじっくり学習しましょう。

この問題には大きなテーマがもうひとつあります。それは **how** です。

STEP1 過去完了の使い方

▶過去完了で覚えるふたつのこと

過去完了について一番大事なことを最初に述べておきます。それは、過去完了で覚えるべきことが次のふたつしかないことです。

> 過去完了で覚えるべきふたつのポイント
> 1. had P.P. は「そのときまでは…であった」と訳す。
> 2. 「そのとき」を示す過去形動詞が必須。

このふたつの事項が意味していることをきちんと理解できれば、過去完了が正確に使いこなせるようになります。

▶現在完了と過去完了との関係

過去完了を理解するためには、その前提として現在完了を理解していなければなりません。そこで、すでに学習した現在完了を復習しましょう。

まず、現在完了を少し長めに定義します（→ 問題13）。

> 現在完了の定義：「今」の立場から過去を振り返り、まるで「今の映像」と「過去の映像」の 2 枚の映像を重ねて考えるかのように、「…なんだな」という感慨を伴って表現する。

　このことを踏まえて、過去完了に話を移します。この定義が意味していることが理解できるまで何度も読みこんでから、先に進んでください。
　「過去＋完了」という文法用語を活かして考えましょう。「現在＋完了」が「過去＋完了」になったのですから、現在完了の定義の冒頭にある「今の立場」を「過去の立場」に置き換えれば、過去完了の定義になります。「完了」という文法用語をわかりやすく言えば、すでに確認した<u>歴史的に振り返って考える</u>ことです（→問題 13）。

▶過去完了を用いる際の判断手順
　次に過去完了を用いるかどうかの判断法を示します。次のような手順を踏んでください。

> 【手順 1】　その文で設定されている「過去の時点」に身を置いてみる。
> 【手順 2】　その「過去の時点」で現在完了で表現したと推測できることは過去完了を用いる。

　このふたつの手順を実際にこの問題で試してみましょう。

【手順 1】
　「過去の時点」は、「母といっしょに故郷を訪ねた 3 か月前」です。そのときそこで目にした「今の故郷の映像」と、自分の「記憶にある昔の故郷の映像」を重ねることで「ずいぶんと変わったなあ！」という感情の高ぶりが生じます。ということは、その場では、The streets *have changed* … と現在完了で表現しているはずです。

【手順 2】
　have を had に変えて、have changed → had changed として、the streets had changed とします。
　これで OK です。

▶ change と「街並み」

change は「〈姿〉が変わる」や「〈姿〉を変える」のように、「姿」という意味に重点を置いて覚えておくべき動詞です。この状況にピッタリです。

「街が変わった」だけでなく「街の姿が変わった」という日本語に対応します。さらに、「街並みが変わった」の「街並み」が change の中にあると言ってもよいでしょう。

ちなみに、「街並み」は明治以降の翻訳語として生まれた日本語ではなく、少なくとも江戸時代には使われていた言葉です。ということは、ある程度、自由に訳してもよいということです。

▶ change と completely の相性

「すっかり変わった」の「すっかり」には副詞 completely を用います。動詞 change と相性のいい副詞です。

テレビなどで街の姿の「今と昔」の移り変わりを画像として示す場合、昔の映像から現在の映像へと徐々に変えていく手法があります。これは、「現在の映像」と「昔の映像」を重ね合わせるという現在完了の基本的な考え方に合致します。さらに、この感じが副詞 completely（完全に）とピッタリ合うのです。パズルをひとつひとつはめこんでいくことで完成へ向かっていくイメージを表すのが completely です。change と completely が相性のいい理由はここにあります。

STEP2 感嘆文と how

▶「感嘆文」はどこへ消えたか？

この問題には、もうひとつ重要な学習テーマがあります。それは、how ... です。中学英語で多くの人が感嘆文を習ったと思います。感嘆文の例文を示します。

How beautiful this picture is!「この絵はなんと美しいのだろう」
What a beautiful picture this is!「これはなんと美しい絵なのだろう」

ところが、そのあとは感嘆文という文法用語に接することも少なくなり、「感嘆文はどこへ行ったの？」と思っている人もいるかもしれません。

もちろん、消えたはずはなく、英語話者と話す機会などが頻繁にある人以外は、

接する機会になかなか恵まれにくいだけです。一度そのことを再認識しておかないと、せっかくの知識をうまく活かすことができないので、ここで改めて確認しました。

この問題では how を使うべきなのですが、答案を見ると how を使った人は極めて少数です。英語が相当できる人の答案でも how をうまく使った人はいませんでした。

このことが示すように、意識的に感嘆文の使い方を思い出しておかないと、使うべきところでうまく使えないことになってしまいます。

▶びっくりの how

驚き（＝感嘆の感情）が伴う場面では how や what の使用を考えるようにしてください。そのための手段として**びっくりの how** とでも命名し、使い忘れないようにしましょう。存在を忘れないための有効な手段はそれに名前をつけておくことです。

▶ how のふたつの文法

how に関して必要な情報は次のふたつです。

---

1. how …. 全体が、名詞句か名詞節になること。
   →訳の最後は「…こと」「…もの」になる
2. how … の中の形容詞と副詞は how の直後に置くこと。
   (×) I know *how* you are *busy*.
   → (○) I know *how busy* you are.

では、問題に戻ります。
次のように考えていきます。

The streets had changed completely.「街はすっかり変わってしまった」
↓「びっくり」の状況だから how を足す。
How + The streets had changed completely.
↓副詞（＝completely）を how の直後に置く。
How completely the streets had changed!

これを、「私は驚いた (I was surprised)」に接続しましょう。

I was surprised at + How completely the streets had changed!
↓ how... は名詞節（1 より）
I was surprised *at* how completely the streets had changed.

この文の at は省略できますが、最初は残しておいたほうが文の構造がよくわかると思います。

模範解答例は次のようになります。

Three months ago, I visited my hometown with my mother, and I was surprised (at) how completely the streets had changed.

〈添削コーナー〉

<u>3</u> (→ Three) **months ago, I visited** <u>to</u> (→ 削除) **my hometown with my mother, and we were surprised that it was quite different from what it used to be.**

素晴らしい答案です。第 2 文の主語を we (= 私と母) にあえて変えることで、その場の光景が目に浮かぶようです。

なお、「姿が変わったこと」を表現する定型表現として、次のふたつはまとめて整理しておきましょう。

S has changed *completely*.
S is quite *different from* what it (= S) used to be.

three months を 3 months と数字で表現するのはかまいませんが、3 months を文頭に持ってくるのは避けてください。番号と間違うだけでなく、英文とは「大文字」から「ピリオド」までと考えた場合に、数字に大文字がないからです。
試験などでスペリングに自信がなければ、About 3 months のようにしてしまえばよいでしょう。かなり英語ができる人の答案で、次のような間違いがありま

した。

(×) I visited *to* my hometown …

visit は「〜を訪問する」という意味の他動詞なので to は不要です。
自動詞・他動詞の問題は「〜を」、「〜に」「〜へ」の問題に帰着するのですから、「〜を訪問する」は「を」なので、今後は間違うことはないはずです（→「入門編」問題 7）。

なお、three months ago を three months *before* と間違った答案がかなりありました。「今から〜前」には 〜 ago の型を用います。「今から」がポイントです。「今から」がない場合は自分で補ってみて判断します。視点が「今」でなく「過去」の場合に before を用います。「私が大学に入る 3 カ月前」なら three months *before* I got into college です。

> **問題 16** 10年ぶりに、近所の食堂を訪ねました。

解法ポイント
・「〜ぶり」と完了形の関係。

「10年ぶり」の「〜ぶり」という表現は、完了の考え方に通じるものがあります。**「〜ぶり」と完了形の関係**という視点からの学習によって完了形の理解をより深めましょう。

STEP1 「10年ぶりに」の表現法

▶「完了形」と「久しぶり（だね）」

人に再会した場面のあいさつ「久しぶり（だねえ）」を考えてみましょう。

その人に会うのが久しぶりかどうかは、**過去を振り返って考える**ことによって判断できることです。つまり**歴史的に考える**ことです。これが現在完了の本質です。

ここから、完了と「…ぶり」との関係が生まれてきます。次のように整理しましょう。

「久しぶりだねえ」の表現法
I have not seen you for ages.
「(振り返れば) 私はあなたに長いあいだ会っていなかった」
It has been ages (since I saw you last).
「(振り返れば私があなたに会って以来) 長い時間がたってしまった」
(注) ages「長い時」

このように、「久しぶり」は現在完了を使った文で表現します。
では問題に戻りましょう。完了形を用いた答案も少数ですがありました。完了形を用いるときは次のように考えます。問題15で身につけた過去完了を用いる際の手順の復習にもなります。

> 【手順1】 過去の時点に身を置く。
> 　　　　　（このケースはでは「食堂」に行った時点）
> 【手順2】 その時点で現在完了を使って表現したと推測できれば、過去完了
> 　　　　　で表現する。

「食堂を訪ねた時点」に自分がいるとして考えてみましょう。「この食堂に来たのは10年ぶり（だなあ）」は現在完了を用いて書けます。

I *have* not *been* here for 10 years.
「（振り返れば）ここには10年間来ていなかったなあ」

文全体は次のような構造になります。

I *visited* (= 過去形) ... the restaurant I had not been (= 過去完了) to for 10 years.

▶チェック作業を忘れない

自分で過去完了を用いた場合は、本当にそれが適当かどうかのチェック作業をするくせをつけましょう。方法としては、問題15に挙げた「過去完了で覚えるべきふたつのポイント」を、今度は確認の基準に使えばよいだけです。

> 過去完了のチェック作業におけるふたつのポイント
> 1．「そのときまで（は）…だった」と訳せるかどうか。
> 2．「そのとき」を示す過去形動詞があるかどうか。

では、チェックしてみましょう。

1は「そのとき（＝食堂を訪ねたとき）まで10年間そこへは行っていなかった」と訳して意味が通りますから OK です。2は I visited や I went といった過去形動詞（visited / went）がありますから、これも OK です。

ここまでは、「〜ぶり」という表現と完了との密接な関係について考えてきました。完了の本質を理解するためにこの関係は非常に重要です。

ところで、幼児が言葉を習得する過程で「ひさぶり」といったような言葉を口にするのを耳にしたことがありませんか。これは「久しぶり」のことなのですが、

大人たちが「久しぶり」という言葉を頻繁に発しているから、いつのまにか覚えてしまう幼児がいるのでしょう。

英語の世界でも同じはずで、英語には「久しぶり」を表す表現法が複数あります。その代表的な表現を次に紹介しましょう。

▶「…ぶり」の便利な定型表現

答案の圧倒的多数が次の型を使って表現していました。

✵ for the first time in 〈期間〉

便利な定型表現です。for the first time は「(生まれてから) 初めて」を意味する副詞句で、前置詞 in の基本訳は「〜において」ですから、「〜の期間において初めて」という意味になり、そこから「〜ぶり」という意味になります。これが便利な理由は、完了形を用いた場合のように、現在完了を過去完了とするといった手順を踏むことなく使えるからです。たとえば、「1985年、阪神タイガースは21年ぶりに優勝しました」は「1985年」という時点を考慮する必要はなく、「21年ぶり」を for the first time in 21 years として表すことができます。

In 1985, the Hanshin Tigers won the championship *for the first time in 21 years*.

数は少ないのですが、after an interval of 10 years とした答案がありました。interval は文字どおり「インターバル (間隔)」という日本語に相当する表現なので、「10年間隔」ではないからやや変です。ついでに、interval [インターヴァル] のアクセントは [イ] の上であることに十分注意してください。

そのほかに、ten years' absence とした答案はかなりの数ありました。absence (不在) は presence (存在) に対する語で、その形容詞 absent は広く知られています。たとえば、He is *absent* today. (本日、彼は欠席です) の文で形容詞 absent の意味するところは「本来いる場所にいない」ということです。つまり、これらの語は「場所」に意味の重点がある語です。

「食堂」を前の問題との関係で「故郷の食堂」と考えると、「故郷」という言葉は「場所」という要素を強く持っています。人は、その場所に過ぎ去った「時間」

を投影させ「故郷」に思いをはせます。したがって、after ten years' absence を用いたほうが美しい英文なのかもしれません。これを模範答案とすべきかと迷いましたが、応用がきくという理由で、for the first time in ten years を模範答案例としておきます。

I visited a restaurant in the neighborhood for the first time in 10 years.

STEP2 「近所の食堂」の表現法

▶「近所の」と「近くの」

問題にあるのは「近所の」です。これを「近くの」と解釈して訳した答案がかなりありました。

(×) a *near* restaurant

near は前置詞です。形容詞として使うのは誤りですから要注意です。「私の家の近くの…」なら *near* my house で、要するに near のあとに「どこから近いのか」を表す名詞が必要です。

それに対して nearby は形容詞です。

(○) a *nearby* restaurant
(○) a restaurant *nearby*

どちらも正しい表現です。

(注)

次の2例は near が形容詞として働いていますが、例外として整理すべき事項です。

in the *near* future 「近い将来(に)」
the *nearest* post office 「最寄りの郵便局」

▶「自分が住んでいる近所」

別の表現法も確認しておきましょう。

〈名詞〉in the neighborhood「近所の〈名詞〉」

とくに、neighborhood［ネイバーフド］の発音とスペルに注意してください。分解すればneighbor + hoodです。foodではありません。日本語にもなっている「（頭にかぶる）フード（= hood）」を考え、「頭を覆うもの」から状態や場所を表すと関連づけるといいでしょう。hood の発音は［フド］になります。［フード］と伸ばさないことに要注意です。

in our neighborhood や in the neighborhood は、原則として「自分が住んでいる近所」です。この状況は厳密に考えると、「自分がいま住んでいる近所」ではないかもしれませんが、in the neighborhood で表現できますね。

名詞 neighborhood は自分が住んでいる地域（= 地域共同体）を表す語です。NHKの番組で『ご近所の底力』といったNHKらしいタイトルの番組があります。この番組の理念を象徴するような語が neighborhood です。

▶「食堂」について

「食堂」について簡単に触れておきます。

かつては新幹線にも「食堂車」と「ビュッフェ」が、それぞれ漢字とカタカナが示すイメージどおりに使い分けられていましたが、今では新幹線から「食堂車」は姿を消しました。しかし、高校や大学で「学生食堂」をカタカナの名前に変えようとする傾向があるにせよ、「学食（= 学生食堂）」は生きています。

「食堂」と「学生」は縁が深く、「食堂」の「堂」が示すように、本来、寺院建築の用語で、明治以降の学校制度の普及の中で学校の建物の場所を示す語になったようです。一時期は極めてハイカラなイメージを伴った言葉だっただろうと推測されます。思えば、昭和30年代の「家族社会」のあこがれの場は「デパートの食堂」でしたが、それが「ファミレス」にとって変わったということでしょうか。そういったこともあって、あえて「食堂」で出題しました。

> 〈添削コーナー〉
>
> **I visited <u>a neighborhood restaurant</u>（→ a restaurant in the neighborhood) after <u>ten year's a</u>（→ ten years'）absence.**

　ten years' absence 以外は、間違いとまで言えるかどうか微妙なところもありますが、説明しておきます。

　「近所の〜」を、neighborhood＋名詞と「名詞＋名詞」で「〜の」を表現する場合は、neighborhood watch（自警）という表現が原則だと考えてください。より正確に言えば、この表現の存在を知った上で、あえて使うのならかまいません。

　解説でNHKの番組を挙げたのは、このことに関連づけたかったからです。なお、複数の所有格は（×）-s's ではなく s' です。

the girl's uncle「その（ひとりの）少女のおじさん」/ the three girls' uncle「その3人の少女（たち）のおじさん」

> **問題 17** 飛ぶことができればいいのになあ、と思います。

解法ポイント

- 仮定法の考え方と仮定法過去の用法。
- 「思う」の表現法。

ここでは**仮定法**の根底にある考え方を学びます。そのひとつとして、動詞 **wish** が仮定法と深く結びついていることを確認しましょう。

STEP1 仮定法と wish

▶仮定法の考え方

仮定法とは**現実とは異なる世界**への思いを述べる表現です。

⚒ 仮定法＝現実と異なる世界

これが仮定法の根本にある考え方です。仮定法とは、言い換えると、現実とは異なる「非現実」「夢」の世界を描くことです。

⚒ 現実⇔非現実（＝夢）

この枠組み（＝物事の見方）は基本なので覚えておいてください。

▶「思う」＝ think ではない

答案では次のような表現が多く見られました。

(×) I *think* I could fly...

これは、「思う」＝ think という思いこみがあるからです。今後は、「思う」を何でも think と訳さないようにしてください。think は「意見を持つ (have an opinion)」ことです。問題5で「案外」「意外」（=思ったより）を「予想したより」と解釈しなおして、expect を用いたことを思い出してください。

また、「（残念ながら）彼は来ないと思う」の場合、「（残念ながら）思う」は be afraid で表します。

I *am afraid* that he will not come.

think は日本語の「思う」ほど広く用いることができないのです。

（注）
前述のとおり、動詞 think は have an opinion（意見を持っている）が意味の重要な部分を占めます。自分の意見を述べる状況にこそ I think that SV とすべきなのに、うっかり忘れてしまう人が多いのです。これは問題6で学んだ重要事項です。

▶ wish は仮定法の象徴

think は「思う」ほど広く使えないと言いましたが、実際に「思ったより」や「彼は来ないと思う」の「思う」に think を使っても間違いとまでは言えません。

それに対して、この問題で次の think は明らかな誤用です。

（×）I *think* I could fly.

この「思う」には wish を用います。wish は次のような場合に使える動詞です。

✗ 非現実的なことを「思う」（=夢の世界に思いをはせる）には **wish** を用いる。

この定義から、仮定法と wish が深く結びついていることがわかるはずです。
次に wish のあとに SV が続く場合を考えますが、まず助動詞・動詞の現在形は現実（=近いこと）を表現するのですから、wish のあとに現在形が続けられないとわかります。次のように整理してください。

✗ **I wish SV** の V が動詞や助動詞の現在形になることはありえない。

たとえば、次のような文は間違いです。

(×) I wish I *can* ...

助動詞 can が現在形になっているので、誤文です。can の過去形の could を使います。

I wish I *could* fly.

これがこの問題の模範答案例です。

STEP2 例文暗記の大切さ

▶答案から

今までの問題に対していただいた答案と比べると、この問題の答案には顕著な傾向が見られます。それは、判で押したように I wish I could fly. という英文が続出したことです。

「仮定法を代表する英文を挙げてください」と言われたら、あなたはどんな英文を挙げますか。この問題の I wish I could fly. や、これと同じような思いを表す I wish I were a bird.（鳥になりたいなあ）が代表的な仮定法の例文だと言えます。

実際、英語が得意な人は、ほぼ全員、模範解答と同じ答案でした。やはり模範英文の丸暗記が大切だとわかります。

　　✗ **外国語の学習では丸暗記すべきものは丸暗記する。**

ぜひ実行してください。

▶ If only と How I wish

答案の中に、少数ながら次のようなものがありました。

If only I could fly.

これも正解です。wish と If only はほぼ同じ内容の表現です。

🛠 I wish ... = If only ...

知らなかった人は、これを機会に覚えてください。両者の違いを言えば、If only ... のほうが「あーあー、…だったらなあ」という気持ちが強く出ます。

それを踏まえて、次のように覚えましょう。

🛠 *How* I wish ... = If only ...

How I wish ... のほうはなじみのない人が多いでしょうから、ここで、If only ... といっしょに覚えてください。

〈添削コーナー〉
I hope that I can fly to (→ in) the sky.

hope を用いても英語としては間違いではありませんが、wish との決定的な違いは、hope では「飛ぶことがありえる」と筆者が感じていることです。逆に、仮定法と wish に見られる関係は hope にはありません。なお、「空を飛ぶ」の「を」については問題 9 の「大空を飛ぶ」を参照してください。

to の基本意味はもうわかるはずです。

🛠 to の基本意味は→（＝矢印）。

to the sky だと「空まで飛んでいく」の意味です。間違いとまでは言えませんが、視点が子供の目のような感じがするでしょう。

> **問題 18** （ぼくが）鉄腕アトムなら、学校まで飛んでいけるだろうに。

解法ポイント
・仮定法過去の用法。（Ⅱ）

仮定法の学習を続けます。

STEP1 仮定法過去の用法

▶現実／非現実の枠組みと現在形・過去形

問題17の最初のほうで確認したように、仮定法の根底にあるのは次の枠組みです。

✴ 現実⇔非現実（＝夢）

これと関連づけて理解すべき英文法を図式化すれば、次のようになります。

```
現実  → 動詞・助動詞の現在形
非現実 → 動詞・助動詞の過去形
```

問題17の I wish I *could* fly. で、can ではなく could を用いたことを思い出しましょう。

仮定法の学習に入ったということは、英語の学習もずいぶんと進んできたということです。今まで学んできたことを踏まえて整理していきましょう。

▶過去形で表せるふたつのこと

動詞の過去形が表すことはふたつです。

1. 過去の出来事（条件：過去の時を表す語句を添える）
2. 「仮定法」

1については、繰り返し学習してきました。消去法で考えると、過去の時を表す語句がなければ仮定法だと考えることもできます。次のように言い換えてみましょう。

1.「歴史的事実」
2.「空想」

両方に共通するのは、**「遠い世界」のことの記述**だということです。

▶助動詞の過去形
次のふたつの重要事項を合わせてみてください。何が言えますか。

> ✄ 助動詞は発話者の気持ちを表す。
> ✄ 動詞と助動詞の過去形は遠いことを表す。

このふたつから次のことが言えます。

> ✄ 助動詞の過去形によって発話者の遠いことへの思いを表現できる。

助動詞は料理に味づけする調味料のようなものです。発話者の気持ちによって文の雰囲気を作り上げます。**助動詞の過去形は仮定法の司令塔**と言えるでしょう。助動詞の過去形は、現在形の意味に「もし〜なら」「もし(たとえ)〜でも」の意味が加わるだけです。

---
will(〜だろう) +「もし〜なら」→ **would**
can(〜できる) +「もし〜なら」→ **could**
may(〜かもしれない) +「もし〜なら」→ **might**

「ドラえもんが…」を Doraemon *will* … と表現したら、ドラえもんが近く(たとえば、隣の部屋)にいて、すぐにでも姿を現す感じになります。普通は、Doraemon *would* … とします。

STEP2 固有名詞の問題

▶「象さん」は elephant か

「鉄腕アトム」にあえて注釈をつけませんでした。いろいろな訳が寄せられて興味深く感じました。

英語圏では『鉄腕アトム』は Astro Boy という名前で親しまれています。でも考えてみると、固有名詞が外国語になると別の名前に変わってしまうのは変な現象です。鉄腕アトムのオリジナルは、あくまで「てつわんあとむ」という音でしか発することがないはずですから。Spiderman はあくまで「スパイダーマン」であって、わざわざ「蜘蛛男」と呼ぶ人はいないでしょう。

また、「象」は英語では elephant ですが、「象さん、象さん、おはなが長いのね」という歌詞を「Elephant! Elephant! Don't you have a lovely long trunk?」と訳すと言うと、「『ゾウ』は『ゾウ』だ！」と言わんばかりに抵抗を示す中学生がいるものです。でも、この「ゾウ」は固有名詞ではないので、英語で Zou と呼ぶほうが不自然です。

模範解答例を次のようにしますが、"Tetsuwan Atom" も間違いではありません。ただ、できるだけ英語圏で使われている形を使ったほうがいいのは言うまでもないでしょう。

If I were Astro Boy, I could fly to school.

---

were は was でもかまいません。

〈添削コーナー〉

If I were a "Tetsuwan Atom", I could fly to the (→削除) school.

「鉄腕アトム」に a を用いるのは間違いでありませんが、やはりないのが普通です。固有名詞の場合、a の有無で次のような違いがあります。

1. Tom「トム」（トムそのもの）

2. a Tom「トムのような人」（トムと同じ性質を持つ別の人）

　「学校に飛んでいく」は go to school にならって、fly *to* school とします。go to the school という表現が間違いなのではありません。「あなたもすでにご存じの例の（＝the）学校」という別の意味になってしまいます。

> **問題 19** あのとき、もし彼女にプロポーズしていたら、今頃は彼女と結婚しているだろう。

解法ポイント
・仮定法過去完了の用法。

仮定法過去完了を学習します。これを理解すれば、仮定法についてはひととおりわかったことになります。

STEP1 仮定法過去完了の考え方

▶注目すべき語句

この問題のポイントは「今頃は」という表現に尽きます。ただ、それを見抜くためには、身につけて（＝丸暗記して）いなければならない知識があります。それがあって、初めて「今頃」に注目がいくようになります。

では、その前提となる知識から始めましょう。

▶過去形は歴史的事実

次のような答案がありました。

（×）If I *proposed* ... *at that time*....

初級者は誰でもこのように間違えます。過去の時を示す語句「あのとき」をヒントに動詞を過去形にしたものだと思われます。ここで次のことを思い出しましょう。

   ✕ **動詞の過去形　＋　過去を示す語句　→　過去の事実**

したがって、「あのとき…プロポーズをした」は過去の事実を示すことになります。考えてみると、過去の事実（＝すでに終わったこと）に「もし…」はないということを考えても、この文が間違いだとわかります。では、どうすればよいので

しょうか。

▶「もし…だったら」の表現法

「もし（あのとき）…だったなら」といった過去の事実と違うことを表すにはどうすればよいかですが、それには次の型を使います。

✂ **If S had P.P.**「もし（あのとき）…だったなら」

この型は何度も口に出して覚えてください。とくに、仮定法がなかなか理解できない人ほどしっかり丸暗記すべきです。これは慎重に乗り越えなくてはならない、仮定法理解の難所です。

▶仮定法全体を貫く構図

完了形で学んだことを踏まえて改めて考えると、「もしあのとき…だったら」は、<u>過去を現在（＝発話時点）から振り返っている</u>から**完了形**を用いることは理解できます。

仮定法全体を貫くのは次の構図です。

✂ 動詞・助動詞の現在形　→　近いこと　→　現在の現実
✂ 動詞・助動詞の過去形　→　遠いこと　→　現在の現実ではない

この構図が仮定法の根底にあります。
have P.P. の have は現在形の仲間です。If I *had* P.P. ... は「もし（あのとき）…だったら」となります。

▶帰結の部分はふたつに分けて覚えよう

仮定法は基本的に条件節と帰結節からなります。

✂ 「もし…なら」（条件節）＋「…だろう」（帰結節）

ありがたいことに、条件節は if S had P.P. の型しかありません。ところが帰結節はふたつに分かれます。

問題 19

> (A)「今頃 (now/today)」「やはりまだ (still)」などの語句がある場合
>   S would ⟨原形動詞⟩
> (B)「今」を示す語句がない場合
>   S would have P.P.

　問題文に「今頃は」とありますから、(A) のケースです。答案には I *would have been* としたものがかなりありました。今後は、[帰結] の部分はふたつに分かれることを忘れないようにしましょう。帰結節は次のようになります。

I *would be* married to her now.

模範答案例は次のようになります。

If I had proposed to her at that time, I would be married to her now.

「もしあのとき…だったら、(あのときは)…だっただろう」は、次の型です。

　✘ If S had P.P., S would have P.P.

　いずれにせよ、「今頃は (= now)」がある本問の場合とはっきりと区別して覚えましょう。

STEP2　「プロポーズ」と「結婚」

表現の問題でふたつの事項を考えます。

▶「彼女にプロポーズする」の表現法
「彼女にプロポーズする」を、

　(×) propose her

とした答案がかなりありました。「彼女に」の「〜に」に注目しましょう。
自動詞と他動詞について、次の問題点を思い出してください。

🛠 自動詞・他動詞の問題は「〜を」と「〜に」の問題。

「彼女を」ではなく「彼女に」ですから、「に」にあたる to が必要です。

propose *to* her

pro- は「前へ」という意味です。pose は日本語にもなっているように、「相手に見せるように（相手を意識して）置く」ことを示します。propose her だと「彼女を前へ出す」となります。そうではなく、

I propose myself（私を差し出す）＋ to her（彼女に向かって）

の myself が省略されたと考えましょう。
次の文法事項は重要です。

🛠 S V oneself ... で、oneself が省略される可能性がある。

たとえば、「申し込む」の意味の apply はもともと「〜を向ける」の意味で、apply oneself for 〜（自分自身を〜に向ける）の oneself が省略されて、apply for 〜で「〜に申し込む」の意味になったと考えることができます。

▶「結婚する」と「結婚している」

次に、「〜と結婚している」という表現について考えます。「〜と結婚している」は、次の型を使います。

S be married to〈相手〉

I would *marry* her. とした答案がありましたが、「彼女と結婚するだろう」という意味になってしまうので、間違いです。次のふたつの表現をはっきりと区別し

て覚えましょう。

✗「〜と結婚する」→ (1) marry〈相手〉 (2) get married to〈相手〉
✗「〜と結婚している」→ be married to〈相手〉

「〜する」と「〜している」の違いに注目して整理しましょう。
　なお、この重要な違いを確認したいがために、あえて「彼女と結婚している」としましたが、単に「結婚している」とは言っても「〜と結婚している」という日本語はそれほど頻繁に使われないのかもしれません。実際の答案にあった次の英語でも OK です。

If I had proposed to her at that time, I would be her husband now.

この表現も、本問の内容を正確に表しています。

〈添削コーナー〉

If I had proposed (＋to) her at that time, I would have been (→ be) married with (→ to) her at (→削除) now.

上で考えたように、If I had P.P.（＝proposed）に対しては、ふたつの可能性があります。また、その判断には、now や still（やはり、まだ）といった副詞が決定的な役割を果たします。以上の点を頭に入れてください。
　would have P.P. は「〜だっただろう」という意味ですから、「あのとき、彼女にプロポーズしたら、(あのとき)断られていただろう」なら、次のようになります。

If I had proposed to her at that time, I *would have been* rejected.

> **問題 20** （しまった！）今朝10分早く起きるべきだった（と思う）。

解法ポイント
- 仮定法過去完了の用法。（Ⅱ）
- 「思う」の表現法。（Ⅱ）

　日々の生活の一面を物語るような、「しまった！…しておくのだった（のに）」の表現法を考えます。「実際には…しなかった」からこそ「しまった！」なのですから、**現実の逆＝非現実**という枠組みでとらえることができます。

STEP1 「10分前に起きるべきだった」の表現法

▶「しまった…」の表現法
　この文の主語は「私」です。「起きる」は get up を使いますが、過去にやるべきこと（＝やらなかったこと）を述べているので仮定法過去完了にして書きます。

　I *should have got* up

これで「私は起きるべきだった（が起きなかった）」の意味になります。
問題19で学んだ型との関連で整理してみましょう。

✘ **would have P.P.**「〜だっただろう」
✘ **should have P.P.**「〜すべきだっただろう」

ところで、動詞の形が「原形―過去形―過去分詞形」と変化することを、**動詞の活用**と言います。

✘ **get**（原形）― **got**（過去形）― **got**（過去分詞形）

英語学習においてどうしても丸暗記しなくてはならない事項です。なお、最初

が現在形ではなく原形であることに注意してください。

　他のヨーロッパの言語であるフランス語やドイツ語を学習したことがある人は、英語では丸暗記すべき事項が少ないという印象を最初は持ったのではないでしょうか。だからこそ、確実に暗記し、あやふやな場合はそのつど確認してください。

　なお、「起きる」には wake up（目を覚ます）を使ってもかまいません（→問題 7）。

▶ early か earlier か

　数字＋形容詞の表現法と語順を問題 12 の「2 駅戻ってきた」で学習しました。この語順に従って、ten minutes（数字）＋ early（副詞）と表現した答案が数多くありました。学習した知識が身についているのを確認するのは教師としてうれしいものです。

　ここにはもうひとつポイントがあります。こういった状況では、「実際に私が起きた（= I got up）より早く」ということですから、early を比較級にします。語尾に -er をつけ、ten minutes earlier とします。

　ten minutes earlier（than I did = than I got up）
　「（実際に私が起きたより）10 分早く」

　なお、early を比較級にするときには、語尾の y を i に変えてから -er をつけることに注意しましょう。

　模範答案例は次のとおりです。

I should have got up ten minutes earlier this morning.

　なお、「今朝（は）」が in this morning ではなく this morning であることは繰り返し学習しています。

STEP2　「思う」の表現法

▶助動詞の考え方

　問題 17 の「飛べたらいいなあ、と思います」と同じように、この問題も最後

に「…思います」という日本語をあえて入れました。

次のふたつは復習です（→問題17）。

1. 「思う」という日本語は think に限らず、いろいろな表現をたえず考えること。
2. think は have an opinion（意見を持つ）を基本意味とすべき語である。

ここでは、「思う」と助動詞との関係について簡単に触れておきましょう。should は助動詞ですが、**助動詞は発話者、筆者の気持ち、心情を表す語です**。よって、should have P.P. の中に「思う」が含まれています。

答案を見ると、I think をつけた答案とそうでないもので半分ずつに分かれています。間違いとは言えないにしても、明らかに不要です。

〈添削コーナー〉

I regret that（→削除）I should have got up ten minutes **early**（→ **earlier**）this morning.

I regret と should have P.P. とをいっしょに用いないのが原則です。regret は「〜を後（= re）悔する」の意味です。この状況で用いるのなら、次のふたつの型があります。

1. regret Ving
2. regret that SV

とくに1は重要です。to 不定詞が未来のことを表すのに対して、動名詞（= Ving）は過去のことを表します。そのことと「後悔」がピッタリ合います。それに、Ving の否定は直前に not を置くという重要文法を適用します。

I regretted not getting up ten minutes earlier this morning.

これなら OK です。

> **問題 21** 週末に、須磨 (Suma) に泳ぎに行こう (かな) と思っています。

> 解法ポイント
> ・これから先 (=未来) のことの表現。

遠い⇔近いという枠であえてとらえれば、遠いことに分類されるであろう、これから先 (=未来) のことの表現を学びます。

STEP1 「泳ぎに行こうと思っています」の表現法

▶「泳ぎに行きます」の時制

答案は次のふたつに分かれました。

I *am going to* go ...
I *will* go ...

イタリック体の箇所に注目してください。どちらも間違いではありません。両者の細かい違いについては次の項目で検討しましょう。

出題時、次のようにしようかとも思いました。

「私は…泳ぎに行きます」

もしこう出題したら、

(×) I *go* ... this weekend.

という誤りが多く出たのではないかと思います。

▶日本語の動詞の形だけではわからない

次のふたつの日本文の違いに注目してください。

1.「私は先週泳ぎに行きました」
2.「私は毎週泳ぎに行きます」
3.「私は来週泳ぎに行きます」

上の1の下線部を「行きます」とすることはできません。この場合「行きました」の語尾に注目することで「行く」の過去形 went を用いることはわかりやすいでしょう。

問題は2と3の違いにあります。両方の違いは「毎週」と「来週」だけです。2は「毎週（= every week）」があり、問題9でも確認した現在形は繰り返し起こることを表すから（→「入門編」問題1）、I go ... every day. と表現すべきケースです。それに対して3は「来週」があるから現在形は使えません。

つまり、「行きます」だけに注目していてはそのことはわかりません。視点を変えてみれば、**「来週」「明日」といった副詞的語句によって未来のことであることを表す**という日本語の特質をしっかりと頭に入れましょう。

未来の表現に関して何よりも重要なのはこの点で、未来の表現だと判断さえできれば、あとは以下に示す手順で表現すればよいのです。

▶「これから先」の4段階

これから先の表現法は、次の4つの段階に分けて考えるのが有益です。未来の表現法の基本的な枠組みです。

未来時制の表現法
1. 「〜しようかなと思っている」
   → I am thinking of Ving / I am considering Ving
2. 「（よし）〜しよう」 → I will V
3. 「〜するつもりです」 → I am going to V
4. 「〜する予定です」 → I am Ving

予定という用語についてひとことだけ。この「予定」を**主観的な予定**（=「〜するつもりだ」）と考えて3の be going to V を用いても誤りではありません。それに対して、カレンダーや予定表に書きこむような状態になっている**客観的な予定**（=

「~することになっている」）であれば進行形で表現されます。自分でそう考えているだけなのか、それともすでにスケジュールとして組みこまれているのかに違いがあります。

▶「泳ぎに行く」の「~に」と遊びの定義

「~て」「~に」「~で」「~という」という日本語が英訳における最大のポイントのひとつであることは何度か強調しました。まず、「~に泳ぎに行く」の「~に」の表現法から考えます。「東京に行く」の「に」には to を用いて、go *to* Tokyo です。

でも、「泳ぎに行く」の場合、次の表現は間違いです。

（×）go to swimming

go to Tokyo は「東京」という目的地に行くことですが、この場合、「泳ぐこと（=swimming）」は目的地ではありません。

✂ **to＋名詞**： → (＝矢印) で、到達するまでを意味する。

この to の基本意味に照らして理解できます。go swimming は、go out for swimming「泳ぐことのために、外出する」のような表現から、out と for が省略されたと考えればよいでしょう。

go ⇔ stay の関係から、go out（外出する）⇔ stay home（家にいる）という関係をおさえます。そもそも、「外出する」というのは遊びの定義のひとつでしょう。したがって、次のような表現もいっしょに整理しましょう。

go shopping「買い物に行く」
go skiing「スキーに行く」
go fishing「釣りに行く」

たとえば、「図書館に勉強に行く」の「勉強しに行く」を go studying とは普通しません。「勉強こそ最高の遊び」という考え方もあるでしょうが、「勉強すること」は本来、ほかの遊びのように屋外で行うことはないと考えられるからです。

STEP2 「週末、須磨に」の表現法

▶「須磨に」の「に」

もうひとつの「〜に」である「須磨に」(=「須磨へ」)の「に」について考えましょう。

答案の中に次のようにしたものが多く見られました。

(×) go swimming *to* Suma

これを to の基本意味に照らして考えると、「須磨までずっと泳いでいく」かのようになってしまいます。to ではなく、in か at を用います。

go swimming *in* Suma
go swimming *at* Suma

類例を挙げておきます。

go fishing *in*[*at*] Katsuura「勝浦に釣りに行く」
go skiing *on* Zao「蔵王にスキーに行く」
go shopping *in* Sakae「栄に買い物に行く」

もしも、「〈場所〉に…しに行く」の「に」に to を使うのなら、go Ving を使わずに、次の型を用いて構成しなおせばいいでしょう。

✘ **go to 〈場所〉to V「V するために〈場所〉まで行く」**

この型を使えば、go to Suma *to swim* となります。
模範答案例は以下のようになります。

I am thinking of going swimming in Suma this weekend.

「週末に」の「に」にあたる前置詞は、状況によって on、during、over、for などが考えられます。それぞれの前置詞の意味を考えながら使い分けることになります。正しい使い方ならどれでもかまいません。

「週休2日制（＝a five-day week）」がすっかり定着しましたが、「週末」というものに対する各人の考え方なども関係しているものだと思われます。

▶判断回避という戦術

ここでは、「この週末（に）」と解釈して this weekend にしましょう。そして、in this weekend が間違いであることを再確認しておきましょう。次のように整理しておきます。

> ✗ **this、that、last、next、every、each が「時」の前にある場合、「〜に」にあたる in や on をつけてはならない。**

添削コーナーの答案は、あえてこの this weekend を用いたものです。ある表現法に行き詰まった場合に、**判断を避ける**（＝判断回避）が大切になる場合があります。その表現法に自信がなければ、安全な別の表現法を使うことも重要です。

〈添削コーナー〉

I mean to go to Suma to swim this weekend.

間違いではありません。mean to V は「〜するつもり」と訳しますが、上に挙げた「行為の4段階」の be going to V と異なり、「本気で〜するつもりだ」という意味での「つもり」です。

mean の基本は「本気」「本音」などの「本」という漢字でおさえておくと便利です。この最重要動詞については次の問題でくわしく説明します。

> **問題 22** 病気であることは必ずしも不幸を意味するわけではありません。

解法ポイント

・「こと」「もの」の表現法。

最後の学習テーマとして、「…こと」「…もの」の表現法を2回にわたって取り上げます。この問題ではさらに、**部分否定**も学びます。表現上のポイントは最重要単語 mean の用法と、この語が最重要単語である理由です。

なお、この問題はある大学の入試問題の一部です。英語の重要事項を問うために日本語が構成されている印象を受ける問題で、教材として最適です。

STEP1 文全体の見通し

▶主語・目的語になるための資格

主語と目的語になれるのは、名詞（動名詞を含む）・名詞句・名詞節の3つです。出題文の骨格は次の部分です。

「～は～を意味する」

この骨格をしっかり意識しながら、第3文型（＝SVO）で表現してみましょう。

▶品詞を意識することの重要性

次のような間違いがかなりありました。

（×）... mean（＝V）unhappy（＝O）

なぜ間違いかわかりますね。いま確認したように、

✗ **S: 名詞（句・節）＋ V（＝mean）＋ O: 名詞（句・節）**

の型で、目的語（＝O）にあたる unhappy（不幸な）が形容詞だからです。形容詞は目的語の位置にくることはできません。

　自分では勉強しているつもりで単語の知識もある程度あるのに点数が上がらないという人がいます。その原因は、**品詞の意識が欠けている**ことにあることが多いのです。また、「自分は英語が話せて意味もほぼ通じているようだが、どうも不安でテストの点数も今ひとつ伸びない」といった相談を受けることがとくに最近多くなったように思います。外国人と接する機会の増加という時代の反映でしょう。こういった原因も、同じところにある場合もあります。

　問題に戻りましょう。「不幸」にあたる名詞 unhappiness を使えば間違いではありません。

　.... mean（＝V）unhappiness（＝O）

これなら文法的に正しくなります。

▶ happy と fortunate

　happy（幸福な）を用いた答案と fortunate（幸運な）を用いた答案が半々でした。名詞 fortune は「(幸運な)財産」「幸運」の意味で、「運」に意味の重点がある語です。この場合どちらでも間違いではありませんが、I am happy. でわかるように、happy は人と結びつきの強い単語ですから、

　（×）It is *happy* that ...

のような使い方は避けましょう。

STEP2 ▶「病気であることは」の表現法

▶形容詞の位置と形容詞を名詞(句)にする方法

　次の英文を見てください。

　I am *ill*.「私は病気（の状態）である」

このillは形容詞です。動詞と違い、形容詞を名詞に直接する方法はありません。あとにその比較を挙げておきます。知識の整理に役立ててください。
　形容詞の位置は次のふたつです。

1. 名詞の前後
2. be 動詞の後ろ

　そこで、形容詞を名詞（句）にする場合は、2 の be 動詞の後ろに形容詞を置いた状態で、be 動詞の語尾に -ing をつけます。したがって、「病気であること」は being ill です。
　なお、be 動詞の -ing 形はすべて being であること、そして、be 動詞の意味の「ある」「いる（→いきる）」「なる」を確認しておきましょう。「病気であること」の「ある」に合致します。

動詞・形容詞の名詞化の方法 (=「…こと」)
(1) 動詞
　a. 語尾に ing をつける (=動名詞)。
　b. 原形動詞の前に to (=to 不定詞) をつける。
(2) 形容詞
　a. being 〈形容詞〉
　b. to be 〈形容詞〉

(注)
　語尾に -ing をつける方法は問題 4（「満員電車に乗ること」）で学習しました。一方、to 不定詞 / to be 〈形容詞〉ともに、to 〜 の持つ**先への流れ**（＝未来）の根底意味は変わりません。あえて日本語にすると「（もし〜をするとしたら）〜のこと」という意味です。

　To be or not *to be*, that is the question
　「生きるべきか死ぬべきか、それが問題だ」（『ハムレット』）

STEP3 「必ずしも…を意味しません」の表現法

▶部分否定
　意味の点から部分否定を定義すれば、「必ずしも…ではない」という意味を表す表現だとなります。つまり、「例外もあるよ」という、考えてみれば多くのことに関して当たり前のことを示す表現法ですね。
　部分否定でまず覚えるべき表現法の型は次のふたつです。

1. not always
2. not necessarily

　とくに、2 の not necessarily という表現法は解釈しづらいので要注意です。necessary を「必要な」ではなく「必然の」と読みかえることで解釈が楽になります。その副詞 necessarily と not が組み合わさって「必然的（＝necessarily）」＋「ではない（＝not）」で、「必ずしも…とは限らない」となります。

▶最重要動詞 mean
　「意味する」を意味する動詞 mean は最重要単語です。ですから、じっくりとおつきあいするという姿勢で接しましょう。まずは、mean の後ろの目的語の型を次のふたつに場合分けすることから始めます。

【ケース1】
〔訳〕「A は B を意味する」「A とは（実は）B ということである」
〔型〕 1. A mean 〈名詞〉
　　　 2. A mean Ving（＝動名詞）
　　　 3. A mean that SV

【ケース2】
〔訳〕「～するつもりである」
〔型〕mean to V

　　　I didn't *mean to hurt* her feelings.
　　　「私は彼女の気持ちを傷つけるつもりではなかった」

この問題はケース 1 に当てはまります。

（×）... *mean to be* unhappy「不幸になるつもり」

といった答案が 2、3 ありましたが避けましょう。

▶「愛とは…こと」
　フランシス・レイの曲が印象的な『ある愛の詩』というアメリカ映画があります。日本で封切られたとき、「愛とは決して後悔しないこと」というコピーもヒットしました。ポイントは「A とは B ということ」の表現法です。この日本語は、その映画のせりふを翻訳したものです。

Love *means* never having to say you're sorry.

　ここで重要なことは、動詞 mean が「〜を意味する」とは訳されていないことです。「A とは B ということ」「A は (本当は) B」といった日本語に一番近いのです。問題 1 で考えた形容詞 worth の「価値の等号」と似たような役割を果たす動詞です。

I *mean* it.

　これが「(私は) 本気である」の意味になるのもそのためで、「本気」「本当 (は)」の「本」に意味の重点を入れて覚えるのがコツです。
　なお、上の英文は mean Ving (= having) の型で、その間に never が入った型です。**Ving の否定は直前に not か never を置く**という文法ルールに従います (→問題 20)。さらに、問題 12 で学習した have to V の本質を踏まえ、「後悔する」という訳を解釈するのもまた一興かもしれません。
　さて、今までの知識で、ひとつの模範答案、そして使用語数が最も少ないであろう英文が出来上がります。

Being ill does not necessarily mean being unhappy.

このように語数をしぼって表現した「省エネ表現」とでも言うべき答案もありました。素晴らしいですね。
　重要事項をひとつ付け加えておきます。動名詞（＝being）が主語のときは単数と考えますから、対応する動詞の形に注意してください。

（×）Being ill *do* not ....
（○）Being ill *does* not ...

STEP4　「不幸」に対する姿勢

▶名詞を SV へ
　「不幸」という名詞を見た瞬間に、この単語を知らないから表現行為をあきらめてしまう人は減ったのではないでしょうか。

　✗ まず SV で考えてみる

という姿勢に立ち戻り、「あなたが幸せではない」と日本語を組み立て、

You are *not happy*.

からスタートすればよいですね。

▶ that SV の訳は「…こと」のみ
　I am happy.「私は幸福である」の前に that をつけて that I am happy とすると「私が幸福であること」という意味の名詞節になります。一般に、SV の前に接続詞 that を置いた名詞節 that SV は「…こと」と必ず訳します。次の問題でも考えますが、これを「…もの」と訳すことはありません。
　この that SV の知識を使って、「不幸」を「あなたが幸せではないこと」とすれば、次のように表現できます。考え方を含め、これも模範答案とすべき英文です。

Being ill does not necessarily mean that you are not happy.

この発想のもうひとつの利点は、「不幸である」を「幸せではない」とすることで、単語の知識が不足していることを補うことができます。一般に、

「○○である」⇔「○○でない」

として not などを用いることで単語力の不足を補うことができます。

〈添削コーナー〉

Being sick <u>do</u>（→ does）not always mean that you can't make yourself happy.

たいへんよくできています。
　sick でも間違いだとは言えませんが、sick は「吐き気がする」といった場合のような「気分が悪い」という意味を基本とし、ill よりも程度が軽いとでも言える単語です。問題4で考えた、「～に飽きている（←～で疲れる）」の be tired of ～ を、

be *sick* and tired of ～

と表現できます。sick の基本意味を伝えてくれています。これも覚えるべき表現です。
　第5文型の重要さを強調してきたためでしょうか。後半を「自分自身を幸福にできない」とあえて第5文型で表現した姿勢は見事です。実際にはともかく、とくに第5文型の習得過程ではあえてこうやって表現することで、第5文型の本質もつかめてくるはずです。

> **問題 23** 大切なのはどう生きるかです。

解法ポイント
・「こと」「もの」の表現法。（Ⅱ）

　問題 22 に続き「…こと」「…もの」の表現法の学習を続けます。なお、今回の出題文も入試問題の一部です。
　また、補足事項として**強調構文**について学習します。では、いよいよ最後ですので、全体のまとめから始めましょう。

STEP1　「…こと」「…もの」の重要さ

▶英語表現の重要事項リスト
　本書でここまで学習してきたことを思い出しながら読んでください。
　英語表現の際に注意すべき項目のベスト 3 を挙げよと言われれば、私は次の 3 つを選びます。

1. 仮定法
2. 第 4 文型・第 5 文型
3. 「…こと」「…もの」

　私たちは、現実世界だけではなく、現実とそれに対する空想世界が織りなす形で言葉を使って考えています。そこから**仮定法**の利用頻度が高いことはわかります。
　また、「私」以外の主体があるからこそ社会が構成されているのだから、ひとつの文にふたつの主体が入っている**第 4 文型・第 5 文型**が重要であることも学習してきました。
　3 番めにあえて日本語表現の「…こと」「…もの」を入れたのは、いま学習している「こと」「もの」の大切さを知って欲しいからでもあります。
　そういった全体の位置を頭に置いて、「…こと」「…もの」の表現法の学習を続けましょう。

STEP2 「大切なのは…です」の表現法

▶「の」と「こと」の関係

英訳をするときの日本語のポイントは「の」「で」「に」「という」だと繰り返し言ってきました。この問題の「の」は今までに考えてきた「の」とは少し違いますが、「の」であることには違いありません。

次のふたつの英文を比較してみましょう。

It is fun *to play* catch.「キャッチボールをするのは楽しい」
It is fun *playing* catch.「キャッチボールをすることは楽しい」

このふたつの英文では、文頭に It があり、それを受ける形で後ろに(動)名詞・名詞句・名詞節が登場します。このときの It が**仮主語**です。上の「の」と「こと」の訳し分けは原則論です。最初の文を「キャッチボールをすること」と「こと」で訳しても間違いではありません。これは問題22の(注)でも述べました。つまり、「の」と「こと」には密接な関係があることになります。

問題に戻りましょう。「大切なのは」の「の」を「こと」と読みかえれば「大切なことは…ことである」となります。

▶人は大切なことしか発言しない

そもそも人は大切なことしか発言しないのですから、

「大切なことは…ことである」

は普遍的な表現だと言えるでしょう。たとえば、I am a boy.（私は少年である）という英文を考えてみましょう。

この前に that を入れて that I am a boy とすれば「私が少年であること」という意味の名詞節になることを問題22で学びました。

これを「大切なことは…ことである」に組みこむ場合は次のように構成します。

「大切なことは」＋「私が少年である（こと）」
　　　　　↓

「大切なことは」 + that I am a boy

すべての英文はこの型に当てはめることができます。普段の言語活動においてこの表現法を使いすぎるのは日本語でも逆効果でしょうが、これまた英語の習得のためにはやや使用過多になっても積極的に使ってみましょう。
「大切なことは」は次のように表現するといいでしょう。

What is important is ...

それに対して、次の言い方は「大切なこと」の表現としては間違いです。

（×）that is important
（×）that it is important

that を取ると、文（= SV）として成立しないからです。

▶ what ... と that ... との違い

「what ... と that ... との違いは何か」という問いは、両者に何らかの共通点があるからこそ成り立ちます。その共通点は両方の表現とも「…こと」と訳せることです。これを踏まえて両者の相違点を整理すると次のようになります。

	that SV	what SV / what V
訳	「…こと」	「…もの」「…こと」
意味すること	事実	内容
省略の可否	省略可	省略不可

省略の可・不可に注目しましょう。what が省略不可ということは what 以下の部分だけでは英文が成立しないということです。たとえば、what is important の is important だけでは英文は成立しません。

STEP3 how... の復習と「どう生きるか」の表現法

▶ how ... のふたつの文法 (復習)

問題 15 で学んだように、how ... で覚えるべきことは、次のふたつです。

1. how 以下全体、how ... が名詞句、または、名詞節になること。
2. how 節の形容詞と副詞は how の直後に移動させること。

上の how ... の 1 より、What is important is C の位置に how ... が使えます。補語 (=C) は名詞 (句・節) か形容詞 (句・節) だからです。
模範答案例は次のようになります。

What is important is how you live.

改めて確認しておきますが、次のような答案が 2、3 ありました。

(×) ... is *that* how long you live

how ... 自体が名詞節になるので that は不要です。この間違いは、「接続詞 that は省略可能」というルールから類推したものでしょう。そう考えると、省略して間違うよりは残しておこうという気になるでしょう。しかし、名詞節を作る接続詞や疑問詞がほかにある場合は接続詞 that を省略しなければなりません。
つまり、how の中に that の意味が含まれていると考えられます。

「人生をどう生きるか」+「ということ」

というように、「…こと」と訳せることと合わせて再確認しておきましょう。

▶ how SV と how to V

how to live の how to V の型を用いた答案がありました。この表現法は「〜の方法」を教えたり教わったりするときに用います。

テレビ番組の『セサミストリート』のテーマ曲に次のようなフレーズがあります。

Can you tell me *how to get* to Sesame Street?
「セサミストリートへどうやって行くのかを教えてよ」

これが典型例です。不定詞の to が持つ→（矢印）の意味からも自然な感じがするのではないでしょうか。
一方、how SV は「（独特の）〜の仕方」という意味で、この問題ではまさにピッタリです。

how SV → how you live

（注）
　the way to V と the way SV の意味も相違も基本的に同じです。how SV の意味を「（独特の）…」と書きましたが、「独特の」「個性的な」の意味は the way SV に強く出るので、この表現法が大事なのです。

▶ It is X that matters. の表現法

It is X that matters. で「大切なのはまさに X です」という意味です。すでに見たように、人は「大切なこと」を述べますから、これが定型表現のようになります。この matter は動詞で「本質である」「重要である」という意味です。
　なお、この英文の型を**強調構文**といいます。その定義は it is と that（that の代わりに who や which も可）を消しても英文として成り立つ型のことです。この定型表現で it is と that を消してみると X matters（X は重要である）で英文は成り立ちますね。
　答案を見ると、この型で、

It is how you live that *matters*.

とした答案もかなりありました。また、同じように matter を動詞として使って、What is important is を

What *matters* is...

とした答案も少数ありました。もちろんどちらも OK です。

なお、「重要である」を表現できる動詞は次のふたつです。

「重要である」の意味の重要動詞
- （1） matter
    It doesn't *matter* if you late.「遅れてもかまわないよ」
- （2） count
    Every vote *counts*.「1票1票が大切だ」

例文とともに覚えてください。

〈添削コーナー〉

Most (→ The most) important thing is how to live (→ how you live).

「こと」= thing が基本です。ただ、「もの」= thing とも言えるので thing はおもしろい単語ですね。いずれにせよ、thing は名詞なのですから冠詞を忘れないようにしましょう。名詞を使う＝冠詞の判断をするでしたね。

index 索引

※「文法索引」「日本語表現索引」「英語表現索引」の順番になっています。

文法索引

【か行】
過去形
　過去形＋過去を示す語句→歴史的事実　98
　過去形で表せるふたつのこと　94
　過去形と when　74
　過去形を用いる際のルール　8, 73
　過去進行形＋when＋過去形　56
仮定法
　仮定法過去　90, 94
　仮定法過去完了　98, 103
　仮定法と wish　90
　仮定法を代表する例文　92
仮主語　119
関係代名詞
　関係代名詞の省略　10
　名詞＋形容詞節　11
冠詞
　冠詞と状況　10, 59
　冠詞と所有格　52
　冠詞は英語で一番大事な単語　75
　定冠詞　10, 75
　不定冠詞　9, 75
感嘆文　80
完了形
　過去完了≠過去の経験　73
　過去完了で覚えるふたつのこと　78
　過去完了を用いる際の判断手順　79
　完了形＝歴史的思考　68, 74, 79
　完了形と過去形との違い　72

　完了形と「ぶり」　84
　完了形の意味と副詞　73
　現在完了と過去完了との関係　78
形容詞
　形容詞と数字の関係　64, 104
　形容詞の位置　112
　形容詞は目的語になれない　112
　形容詞を名詞にする方法　112
肯定⇔否定　66, 117
5 文型
　第 2 文型　75
　第 3 文型　19, 111
　第 4 文型　1, 7
　第 5 文型　13
　第 5 文型と「もうひとりの自分」　33, 54, 117
固有名詞　96

【さ行】
使役動詞　39
自動詞・他動詞　83, 101
主語
　困ったら SV の枠で考える　56
　主語と「人」　42
　主語・目的語になる資格　111
助動詞
　助動詞の過去形は仮定法の司令塔　95
　助動詞は調味料　95, 105
節
　節を作る意味　52

【た行】
知覚動詞
    知覚動詞使用の姿勢　55
    知覚動詞と5感　48, 55
    知覚動詞の3つの型　48
    知覚動詞を用いるべき状況　54
動詞
    動詞の変化　103
    動詞を名詞にする方法　113
    日本語の動詞の形　106

【は行】
判断回避という戦術　110
比較　104
否定
    Ving の否定　105, 115
    部分否定　114
品詞の意識　112
副詞
    SV か副詞句か　56
    副詞的語句と未来　107
    副詞的要素の処理法　9
    副詞的要素の役割　66
    丸暗記する（場所関係の）副詞　57
不定詞
    不定詞と動名詞　105
    不定詞の根本意味　71

【ま行】
未来の表現　106
未来の4段階　107
名詞
    名詞をSVへ　116
    名詞を使う＝冠詞の判断をする　123

【ら行】
リスニング対策　57

日本語表現索引

「行く」　63
「映画を見る」　77
「おきる」　104
「（列車が・時計が）遅れている」　64
「思う」　90, 104
「聞く」　50
「結婚する・結婚している」　101
「焦げ臭い」　54
「こと」「もの」　111, 118
「しまった…」　103
「じゃま」　57
「たき火だ　たき火だ…」　55
「…（し）た」と過去形　36, 69
「つもり」　110, 114
「低空飛行」　58
「（～への）途中」　56
「に」
    「泳ぎに行く」　108
    「週末に」　110
    「須磨に」　100
    「東京に行く」　108
「の」
    「の」と「こと」　119
「乗り過ごす」　62
「乗る」　21, 62
「太る・やせる」　67
「プロポーズする」　100
「街並み」　80
「問題」問題　25
「話題（にする）」　51

英語表現索引

a certain　30
afraid　91
already　74
because　65
by
    by と「差」　67
catch
    catch O Ving　58
    catch sight of , lose sight of　58
change　80
come　63
come to (myself)　31
count　123
crowded　22
decide　35

demand 16
enjoy 14
ever 74
every day, everyday 17
expect 17
fail to V 66
fast 64
feel 40
find 23
　　find myself Ving 28
forget to V 67
give
　　型 5, 7
　　意味 8
happy と fortunate 112
have 16
have to と had to 60
hear と listen 59
hope 16, 93
how 81
　　how SV と how to V 121
　　how... のふたつの文法 81, 121
　　びっくりの how 81
if ... 47
If only ... と How I wish ... 93
in 56
just 45
keep 32
leave 32
make 18, 38
make ＝「作る」→「する」 20, 38
matter 122

mean 110, 114
movie theater 77
must 60
necessary と necessarily 114
on 56
oneself の省略 101
past 62
popular 22
present（動詞） 11
ride 62
say 4
sick と ill 117
since 74
slow 64
some 30
somebody 31
spend 15
tell 4
that と what 120
think 24, 90
to 93, 108, 113
turn 63
wake（up） 33
want 16
watch 58, 77
way 57
　　the way SV と the way to V 122
　　on the way と in the way 57
wish 91
worth 4
worthy of 6
would（過去の習慣） 76

■ 著者紹介

鬼塚幹彦（おにづか・みきひこ）
代々木ゼミナール講師・あすなろオンライン講師。東京大学文学部卒業。著書に『英語ライティング・クリニック　入門編』『「京大」英作文のすべて』『「東大」英語のすべて（上・下、共著）』（研究社）、『ミラクル英文108』（プレイス）、『英文解釈これだけは』（開拓社）、『はじめからわかる英語』（学研）ほか多数。「あすなろオンライン」のインターネットアドレス: http://www.asunaro-online.com/

英語ライティング・クリニック　初級編

■ 2007年11月1日　初版発行

■ 著者
鬼塚幹彦
© Mikihiko Onizuka, 2007

■ 発行者
関戸雅男

■ 発行所
株式会社　研究社
〒102-8152　東京都千代田区富士見2-11-3
電話　営業 03-3288-7777（代）　編集 03-3288-7711（代）
振替　00150-9-26710
http://www.kenkyusha.co.jp/

KENKYUSHA
〈検印省略〉

■ 印刷所
研究社印刷株式会社

■ 装丁
寺澤彰二

■ 本文レイアウト
mute beat

ISBN978-4-327-45209-4 C1002　Printed in Japan